Prof. Dr. med. Ljubomir Kraus
Dr. Jutta Carstens

Heilpflanzen

Prof. Dr. med. Ljubomir Kraus
Dr. Jutta Carstens

Heilpflanzen

Gesundheit aus der Natur

TRIAS

Redaktion: Marion Zerbst
Umschlaggestaltung:
Cyclus · D+P Loenicker,
Stuttgart
Illustrationen:
Christiane von Solodkoff,
Dr. Michael von Solodkoff
Heilpflanzenfotos:
Silvestres Foto-Service,
Kastl, Waldmann,
Jürgen Leupold Fotografie
(Umschlag vorne),
Bavaria (Umschlag hinten)
DTP-Design:
Bernd Hirschmeier,
Aidlingen
Druck: Druckerei Parzeller,
Fulda
Konzeption und
Projektleitung:
Werner Waldmann
WZ Media, Stuttgart

ISBN 3-89373-730-8

Wichtiger Hinweis: Medizin als Wissenschaft ist ständig im Fluß. Soweit in diesem Buch eine Dosierung oder eine Applikation erwähnt wird, darf der Leser zwar darauf vertrauen, daß Autor und Verlag größte Mühe darauf verwandt haben, daß diese Angabe genau dem Wissensstand bei Fertigstellung des Werkes entspricht. Dennoch sollte jeder Benutzer die Beipackzettel der verwendeten Medikamente prüfen, um in eigener Verantwortung festzustellen, ob die dort gegebene Empfehlung für Dosierungen oder die Beachtung von Kontraindikationen gegenüber der Angabe in diesem Buch abweicht. Benutzer außerhalb der Bundesrepublik Deutschland müssen sich nach den Vorschriften der für sie zuständigen Behörden richten.

Geschützte Warennamen (Warenzeichen) werden nicht besonders kenntlich gemacht. Aus dem Fehlen eines solchen Hinweises kann nicht geschlossen werden, daß es sich um einen freien Warennamen handelt.

Die Heilpflanzenkunde hat eine jahrhunderte, wenn nicht gar jahrtausende alte Tradition. Deshalb ist es kein Wunder, daß sie seit geraumer Zeit wieder an Bedeutung gewinnt. Natürlich kann sie die Schulmedizin nicht ersetzen, aber es gibt viele Beschwerden, die man mit den Heilkräften der Natur genauso wirkungsvoll und schonend kurieren kann. Man muß nur wissen wie!

Wenden Sie sich vertrauensvoll an Ihren Apotheker. Er wird Sie beraten, um aus der Vielfalt der Heilkräuter diejenigen auszuwählen, mit denen Sie Ihr Leiden bekämpfen können. Ihre Apotheke hält eine Auswahl bewährter Tees und Teemischungen bereit.

Vielleicht möchten Sie die Mischung aber auch selbst herstellen? Das Buch soll Ihnen helfen herauszufinden, welche Heilpflanzen für Ihre Beschwerden in Frage kommen und wie sie dosiert und zubereitet werden müssen. Um eventuellen Gefahren vorzubeugen, ist es ratsam, Arzneipflanzen aus der Apotheke zu verwenden.

Dr. Jutta Carstens

Prof. Dr. Ljubomir Kraus (1923-1994) studierte Pharmazie, Pharmazeutische Biologie und Pharmakologie an der Karls-Universität in Prag. Von 1968–1973 lehrte er an der Universität in Saarbrücken, seit 1973 war er Professor am Lehrstuhl für Pharmazeutische Biologie in Hamburg.

Dr. Jutta Carstens ist promovierte Biologin mit Schwerpunkt pharmazeutische Biologie.

Inhalt

Was bringt Ihnen dieses Buch?

Das Interesse an pflanzlichen Arzneimitteln ist in den letzten Jahrzehnten immer mehr gewachsen. Dabei mag ein gewisses Mißtrauen gegenüber der Schulmedizin und der Trend zu einer „ganzheitlichen", „natürlichen" Medizin eine Rolle spielen. Vielleicht ist es aber auch auf eine gesteigerte Sensibilität für unsere Umweltbelastung zurückzuführen, die immer erschreckendere Ausmaße annimmt: Wir wissen, daß wir schon mit der Luft und mit unserer Nahrung tagtäglich unzählige chemische Schadstoffe zu uns nehmen, und möchten deshalb nicht auch noch Chemikalien in Tablettenform schlucken, sondern unsere Krankheiten und Beschwerden lieber mit natürlichen Mitteln auskurieren.

Das ist sicherlich ein sehr positiver Ansatz; denn es ist tatsächlich nicht sinnvoll, ja oft sogar schädlich, beim kleinsten Wehwehchen gleich zur Tablette zu greifen.

Aber natürlich darf man dabei nicht vergessen, daß Arzneipflanzen auch keine Wundermittel sind; sie stellen beileibe nicht in allen Fällen eine sinnvolle Alternative zu den chemischen Medikamenten dar. Zwar haben sie viele Vorteile gegenüber diesen Medikamenten – beispielsweise ihre mildere Wirkung und die meist völlig fehlenden oder recht geringen Nebenwirkungen, die es ermöglichen, die meisten Heilpflanzen auch über längere Zeit bedenkenlos einzusetzen.

Eine besondere Stärke von Heilpflanzen liegt darin, daß man sie vorbeugend über einen längeren Zeitraum hinweg anwenden kann.

Man muß sich sehr genau auskennen

Aber Arzneipflanzen helfen eben nur bei bestimmten Erkrankungen und Beschwerden, und auch da nicht immer allein, sondern oft nur als unterstützende Ergänzung zu anderen therapeutischen Maßnahmen. Deshalb muß man die Wirkungen und Anwendungsformen der Heilpflanzen schon sehr genau kennen; sonst schadet man seiner Gesundheit unter Umständen eher, als man ihr nützt.

Oft sind Teemischungen wohlschmeckender und auch wirkungsvoller als Zubereitungen aus einer einzigen Heilpflanzenart.

Dieses Buch möchte Ihnen einen Überblick über die verwirrende Vielfalt an Heilpflanzen und ihre verschiedenen Zubereitungen und Anwendungsweisen bieten. Übersichtlich nach Beschwerden und Erkrankungen gegliedert, werden die einzelnen Heilpflanzen vorgestellt; Wirkungsweise, Zubereitung und Dosierung werden genau erklärt. Ein ausführlicher Gesundheitstest zu Beginn dieses Buches verrät Ihnen, für welche Ihrer Beschwerden eine Behandlung mit Heilpflanzen in Frage kommt.

Ihr persönlicher Gesundheitstest auf Seite 18 verrät Ihnen, welche Heilpflanzen für Sie in Frage kommen.

Und was ganz wichtig ist: Sie erfahren, bei welchen Symptomen und Beschwerden man sich *auf keinen Fall* selbst mit Heilpflanzen oder anderen Medikamenten und Hausmitteln therapieren, sondern unbedingt einen Arzt oder Heilpraktiker zu Rate ziehen sollte.

Außerdem finden Sie in diesem Buch Anleitungen dazu, wie man Arzneipflanzen im eigenen Garten anbaut und was man beim Sammeln, Trocknen, Zubereiten und Lagern beachten muß. Denn das Sammeln in freier Natur ist, wenn man sich nicht wirklich gut auskennt, nicht empfehlenswert, kann sogar gefährlich sein; und wenn man die Arzneipflanzen nicht vorschriftsgemäß lagert und zubereitet, können wertvolle Wirkstoffe verlorengehen.

Eine Zusammenstellung erprobter und bewährter Teemischungen für die verschiedensten Erkrankungen und ein Überblick über alle in diesem Buch beschriebenen Heilpflanzen mitsamt ihren Wirkungen runden das Buch ab und helfen Ihnen, sich in der verwirrenden Vielfalt der Heilkräuter rasch zurechtzufinden.

Was man über Heilpflanzen wissen sollte

Heilpflanzen sind eine wertvolle Ergänzung zur Therapie mit chemischen Medikamenten, oft können sie sie sogar ersetzen. Aber man muß wissen, wie man mit ihnen umgeht. Wie man Heilpflanzen lagert und zubereitet, was man beim Selbersammeln und beim Anbau im eigenen Garten wissen muß und in welchen Fällen eine Behandlung mit Arzneipflanzen überhaupt zu empfehlen ist, das erfahren Sie in diesem Kapitel.

Wann ist eine Behandlung mit Heilpflanzen sinnvoll?

Möglichkeiten und Grenzen

Viele Leute meinen, Heilpflanzen seien immer gut, weil sie etwas Natürliches sind. Aber auch mit Arzneipflanzen kann man vieles falsch machen. Deshalb ist es wichtig, zu wissen, in welchen Fällen eine Behandlung mit Heilpflanzen angezeigt ist und wann man lieber den Arzt zu Rate ziehen sollte.

Die Phytotherapie (Behandlung mit Heilpflanzen) gehört zu den Naturheilverfahren.

Phytopharmaka sind laut amtlicher Definition Arzneimittel, die ausschließlich aus Pflanzen oder Pflanzenteilen sowie deren Zubereitungen bestehen.

Isolierte Wirkstoffe (Reinsubstanzen) aus Pflanzen, beispielsweise das Morphin aus dem Schlafmohn (Papaver somniferum) oder die im Fingerhut (Digitalis) enthaltenen herzwirksamen Glykoside, zählen allerdings nicht dazu.

In der Vorstellung vieler Menschen (sogar mancher Ärzte) ist die Pflanze an sich, also beispielsweise die Kamille, die Arnika oder das Bilsenkraut, das optimale und gleichzeitig unschädliche natürliche Heilmittel. Dies ist jedoch eine unhaltbare Verallgemeinerung.

Bei einer Behandlung mit Heilpflanzen muß man selbstverständlich auch wissen, daß die Arzneipflanzen - obwohl es sich um Naturheilmittel handelt - nicht immer unschädlich sein müssen oder daß sie in jedem Fall Krankheiten heilen. Diese Sichtweise wäre natürlich etwas zu einfach.

Wie wirken Heilpflanzen?

Es gibt große Qualitätsunterschiede bei Arzneipflanzen, so ist Kamille nicht gleich Kamille. Die Wirkung der Arzneipflanzen ist von dem Vorhandensein bestimmter pflanzlicher Sekundärstoffe anhängig. Diese Stoffe stammen aus dem Stoffwechsel der Pflanze, sind für sie aber nicht primär zum Leben nötig, sondern haben besondere Aufgaben (beispielsweise Schutz vor Schädlingen, Farbe und Geruch zum Anlocken von Insekten und ähnliches). Deshalb werden sie Sekundärstoffe genannt, und wenn sie eine therapeutische Wirkung auf den Menschen haben, spricht man von Wirkstoffen.

Es ist also für eine sinnvolle Anwendung von Heilpflanzen wichtig, zu wissen, daß in den pflanzlichen Arzneidrogen beziehungsweise in den Zubereitungen daraus (Tee, Extrakt, Tinktur, ätherische Öle usw.) die Wirkstoffe *in bestimmten Konzentrationen und Zusammensetzungen* enthalten sind. Das macht die Wirkung der Drogen beziehungsweise ihrer Zubereitungen aus.

Denn es ist nicht – wie manche Freunde der Heilkräuter meinen – die Kamille an sich, die bei leichten Entzündungen der Haut beziehungsweise der Schleimhaut und bei Magenverstimmungen hilfreich ist, sondern es ist das Spektrum ihrer Wirkstoffe.

Qualität und richtige Aufbewahrung sind sehr wichtig.

Eine schlechte oder zu lange gelagerte Kamille, besonders wenn die Blütenköpfe noch fein zerkrümelt sind (beispielsweise in Teebeuteln), enthält unter Umständen zuwenig oder nichts mehr von diesen Wirkstoffen und ist damit mehr oder weniger wirkungslos. Deshalb spielt die Qualität – sie wird beeinflußt von der Herkunft, der Sorte und der Lagerung der Droge – eine sehr wichtige Rolle.

Für die Lagerung gilt als Faustregel: Nicht länger als ein Jahr aufbewahren.

Ohne Qualitätskontrolle geht es nicht

Der Apotheker ist verpflichtet, eine Kamille zu verkaufen, die „dem Arzneibuch entspricht". Das derzeit gültige Deutsche Arzneibuch (DAB 10) schreibt für die arzneilich verwendeten Pflanzen eine ganz bestimmte Qualität vor, meist einschließlich des Nachweises eines bestimmten Wirkstoffgehalts. Die Wirksamkeit der Heilpflanzen muß durch Prüfung sichergestellt werden.

Bei Arzneipflanzen kommt es auf die Wirkstoffe an.

Wo kommen unsere Arzneipflanzen her?

Einige Pflanzenarten (Kamille, Pfefferminze, Sennesblätter) werden von Bauern angebaut, andere werden in Wildbeständen gesammelt.

Besonders bei wildwachsenden Pflanzen ist die Kontrolle unumgänglich. Diese wird zunächst vom Handel – normalerweise in eigenen Kontrollaboratorien – durchgeführt und dann im Zentrallaboratorium der Deutschen Apotheker in Eschborn.

Zuletzt ist der Apotheker gesetzlich verpflichtet, im Apothekenlabor die Endkontrolle durchzuführen. Dort untersucht er das Material auf die richtige Identität, auf die Reinheit und das Vorhandensein der vorgeschriebenen Inhaltsstoffe.

Bei Drogen, die ätherische Öle enthalten, muß durch Wasserdampfdestillation die vorgeschriebene Menge bestimmt werden. Auf diese Weise garantiert schließlich der Apotheker die Qualität der Arzneipflanzen, die er verkauft.

Aus diesen Gründen empfehlen wir, sich Arzneipflanzen in der Apotheke zu besorgen. Das ist die einfachste und sicherste Beschaffungsmethode.

Arzneipflanzen – kein Allheilmittel

Nicht immer ist eine Behandlung mit Heilpflanzen angezeigt. Wer bei Beschwerden lieber erst einmal selbst mit

„altbewährten“ Hausmittelchen herumdoktert, statt zum Arzt zu gehen, der schadet sich unter Umständen eher, statt sein Leiden zu lindern. Selbstbehandlung ist nur in manchen Fällen sinnvoll – in anderen kann sie nutzlos oder gar verhängnisvoll sein.

Deshalb ist es wichtig, die Anwendungsbereiche von Arzneipflanzen genau zu kennen. Heilpflanzen werden zur Vorbeugung und mit Einschränkungen auch zur Heilung von Krankheiten verwendet.

Bei akuten Krankheiten infektiöser Art sind sie in der Regel weniger geeignet, bei chronischen Erkrankungen dagegen können sie als unterstützende Therapie sehr hilfreich sein.

Wann können Heilpflanzen helfen?

Typische Anwendungsgebiete für pflanzliche Arzneimittel sind zum Beispiel leichtere Erkrankungen der Atemwege und der ableitenden Harnwege, Schlafstörungen und Übererregbarkeit sowie Störungen im Magen-Darm-Trakt und einige Hautveränderungen (beispielsweise Akne und Ekzeme).

Die Befürworter der Phytotherapie sehen gerade in der milden Wirkung dieser Mittel wesentliche Vorteile gegenüber einer übertriebenen Arzneitherapie mit stärker wirkenden Mitteln, die nicht selten unerwünschte Nebenwirkungen aufweisen.

Wegen dieser milden Wirkung und des Fehlens von Nebenwirkungen kann man Heilpflanzen in der Regel auch über einen längeren Zeitraum hinweg anwenden. Darin liegt ihre besondere Stärke sowohl bei der Krankheitsvorbeugung als auch bei der Behandlung chronischer Leiden.

Vorteile der Therapie mit Heilpflanzen: milde Wirkung, in der Regel keine oder nur geringe Nebenwirkungen

Auf mögliche Nebenwirkungen und Kontraindikationen wird bei den einzelnen Heilpflanzen in den folgenden Kapiteln hingewiesen.

Vorsicht mit der Selbstbehandlung!

Wundermittel sind Heilpflanzen keineswegs. Es gibt auch Symptome, bei denen *unbedingt* von einer Selbstbehandlung ohne vorherige diagnostische Klärung der Ursachen abgesehen werden muß. Ein Arzt oder Heilpraktiker ist aufzusuchen, wenn Beschwerden – beispielsweise Husten – über längere Zeit als üblich bestehen, wenn Kreislaufbeschwerden, Veränderungen der Herztätigkeit, aber auch Veränderungen an Muttermalen oder Warzen auftreten.

Auch starke Schmerzen, ob im Unterbauch, hinter den Augen oder Kopfschmerzen unüblicher Art, machen einen Besuch beim Arzt unumgänglich. In den Anfangsstadien einer Krankheit sind die Begleiterscheinungen (Symptome) oft noch schwach und unauffällig und für den Laien irreführend. Darum ist es wichtig, bei Symptomen, die sich nicht sehr schnell bessern, den Arzt zu Rate zu ziehen. Wenn er die Diagnose gestellt hat, können getrost Arzneipflanzen als hilfreiches oder unterstützendes Heilmittel, besonders bei chronischen Erkrankungen, eingesetzt werden.

Bei schweren Erkrankungen sollte die Heilpflanzentherapie dann auch mit dem Arzt oder Heilpraktiker abgesprochen werden. Denn Heilpflanzen haben zwar in der Regel keine Nebenwirkungen oder zumindest wesentlich geringere Nebenwirkungen als chemische Medikamente; es gibt aber auch bei ihnen manchmal Gegenanzeigen (Kontraindikationen), das heißt, bestimmte Fälle, in denen sie nicht angewandt werden sollten. Und einige Arzneipflanzen – beispielsweise Süßholz – sollten nicht über längere Zeit eingenommen werden. Deshalb ist eine Rücksprache mit dem Arzt oder Heilpraktiker im Zweifelsfall immer das Sinnvollste. Sie können Ihnen genau sagen, welche Heilpflanze für Sie am geeignetsten ist.

Kontraindikationen (Gegenanzeigen) sind besondere Umstände (beispielsweise eine Allergie oder ein bestimmtes Leiden), bei denen eine Therapie oder ein Medikament nicht angewandt werden sollte. Bei der Beschreibung der Kräuter in diesem Buch (▷ S. 35) wird jeweils auf solche Kontraindikationen hingewiesen.

Was man beim Umgang mit Arznei-pflanzen beachten muß

- Auch bei Heilpflanzen gibt es große Qualitätsunterschiede. Deshalb ist Selbersammeln nicht immer der Weisheit letzter Schluß. Qualität garantiert nur der Kauf in der Apotheke; und auch vorschriftsmäßige Lagerung ist wichtig.
- Nicht in allen Fällen ist eine Therapie mit Heilpflanzen sinnvoll. Meist eignen sie sich besser zur Behandlung chronischer als akuter Erkrankungen und zur Krankheitsvorbeugung.
- Bei der Selbstbehandlung ist manchmal Vorsicht geboten. Bei neu auftretenden, ungewohnten Beschwerden oder wenn die Symptome trotz der Selbstbehandlung bald nicht abklingen, ist ein Besuch beim Arzt oder Heilpraktiker ratsam.

Wenn Symptome trotz Selbstbehandlung nicht abklingen, sollten Sie zum Arzt gehen!

In den letzten Jahrzehnten ist viel über den Wert der Heilpflanzen publiziert worden. Es ist dies ein Zeichen der Suche nach einer Alternative zur Schulmedizin. Sie soll einerseits deren Lücken ausfüllen und andererseits „ungiftig“ sein. Dieses Buch möchte Ihnen zeigen, welche begründeten Erwartungen man in Heilpflanzen setzen kann, ohne verfehlte Hoffnungen zu wecken. Der Test auf den nächsten Seiten wird Ihnen verraten, ob und in welchen Bereichen bei *Ihnen* eine Therapie mit Heilpflanzen angezeigt ist und welche Kapitel dieses Buches für Sie von besonderem Interesse sind.

Testen Sie sich!

Test

Mit Hilfe dieses Tests können Sie sich einen ersten groben Überblick darüber verschaffen, ob eine Behandlung mit Heilpflanzen bei Ihren speziellen Beschwerden in Frage kommt.

Leiden Sie öfters unter Appetitmangel?

▶ Es gibt zahlreiche Tees und auch Würzkräuter, die appetitanregend und verdauungsfördernd wirken. Allerdings sollten Sie die Ursache Ihrer Beschwerden vom Arzt oder Heilpraktiker abklären lassen. ▷ *Seite 38*

Haben Sie Probleme mit Blähungen?

▶ Hier können Heilpflanzen – in Form von Tees oder auch Verdauungsschnäpsen – sehr hilfreich sein. Es gibt Heilpflanzen, die beim Abgehen der Blähungen helfen, und solche, die die Darmflora normalisieren und auf diese Weise der Gasbildung im Darm entgegenwirken. ▷ *Seite 41*

Leiden Sie unter Reisekrankheit?

▶ Falls Sie kein chemisches Medikament nehmen wollen: Ingwerwurzel ist ein hervorragendes pflanzliches Mittel gegen Reiseübelkeit und Brechreiz. ▷ *Seite 43*

Haben Sie Magenschleimhautentzündung oder Magengeschwüre?

▶ Eine solche Erkrankung gehört in ärztliche Behandlung. Es gibt jedoch viele Heilpflanzen, die zur unterstützenden Therapie eingesetzt werden können. ▷ *Seite 45*

Leiden Sie unter Gallen- oder Leberbeschwerden?

▶ Es gibt – je nach Art Ihrer Beschwerden – zahlreiche Pflanzen, die die Galleproduktion oder den Galleabfluß anregen beziehungsweise eine regenerierende Wirkung bei Leberschäden haben. Klären Sie Diagnose und Therapie jedoch mit Ihrem Arzt oder Heilpraktiker ab. Mit ziemlicher Sicherheit wird auch eine Umstellung Ihrer Ernährung notwendig sein. ▷ *Seite 53*

Neigen Sie zu Verstopfung?	▶ Es gibt verschiedene Arzneipflanzen mit mild abführender Wirkung. Außerdem können Sie mit einer Umstellung Ihrer Ernährung (mehr Ballaststoffe) viel erreichen. Bei hartnäckiger Verstopfung, die sich durch die Einnahme der Heilpflanzen nicht bessert, sollten Sie unbedingt zum Arzt gehen. ▷ *Seite 48*
Leiden Sie ab und zu unter Durchfällen?	▶ Bei leichterem Durchfall helfen stopfende Arzneipflanzen und geriebene Äpfel. Auf ausreichende Wasser- und Salzzufuhr achten. Bei jedem Durchfall, der länger als drei Tage dauert oder mit hohem Fieber und Störungen des Allgemeinbefindens einhergeht, unbedingt zum Arzt! ▷ *Seite 50*
Bekommen Sie häufig Erkältungen und grippale Infekte?	▶ Tun Sie etwas für Ihr Immunsystem. Zubereitungen aus der Eleutherokokkwurzel und dem Roten Sonnenhut stärken die Abwehrkräfte. Zu Beginn eines grippalen Infekts eingenommen, helfen sie dem Körper, rascher mit den Krankheitserregern fertig zu werden. ▷ *Seite 60*
Möchten Sie bei Erkältungen nicht gleich zur „chemischen Keule“ greifen, sondern es lieber mit natürlichen Methoden versuchen?	▶ Eine gute Idee! Denn hier kann man mit Heilpflanzen viel ausrichten. Von immunstärkenden Mitteln über schweißtreibende Tees bis hin zu Dampfbädern, Gurgellösungen und Tees gegen Husten, Schnupfen und Heiserkeit gibt es eine Vielfalt wirksamer Naturheilmittel. Wichtig: Jeden Husten, der nicht innerhalb von drei Wochen auf die Behandlung anspricht, vom Arzt abklären lassen! ▷ *Seite 60*
Leiden Sie unter Asthma?	▶ Bronchialasthma gehört in ärztliche Behandlung. Allerdings kann man die Therapie durch Heilpflanzen unterstützen, die eine vorbeugende Wirkung (Verhütung von Anfällen) haben. ▷ *Seite 72*
Bekommen Sie öfters Blasenentzündungen?	▶ Leichtere Blasenentzündungen kann man mit Heilpflanzen zu therapieren versuchen (dazu: Wärme, Bettruhe). Tritt nach einigen Tagen keine Besserung ein oder verschlechtert sich das Befinden, zum Arzt gehen! Denn dann ist die Verschreibung eines Antibiotikums wahrscheinlich unumgänglich. ▷ *Seite 76*

Leiden Sie unter Nieren- oder Blasensteinen?	▶ „Durchspülen" mit harntreibenden Tees wirkt gegen Steinbildung. Morgendliche „Wasserstöße" (Trinken großer Mengen durchspülender Tees) können das Abgehen von Steinen fördern. Therapie mit dem Arzt oder Heilpraktiker absprechen! ▷ *Seite 79*
Leiden Sie unter einer Prostatavergrößerung mit Beschwerden beim Wasserlassen?	▶ Es gibt viele pflanzliche Mittel, die zum Rückgang der Beschwerden führen können. Allerdings muß man bei solchen Beschwerden unbedingt zum Arzt, da bösartige Vergrößerungen der Prostata mit ähnlichen Symptomen einhergehen können. ▷ *Seite 80*
Leiden Sie unter einer leichten Herzinsuffizienz (Altersherz)?	▶ Etliche Heilpflanzen (am bekanntesten ist der Weißdorn) wirken unterstützend bei leichter Herzschwäche. Wichtig: Bei allen Herz- und Kreislauferkrankungen müssen Diagnose, Ursachen und Therapie vom Arzt abgeklärt werden! ▷ *Seite 84*
Haben Sie Durchblutungsstörungen?	▶ Neben einer Änderung der Lebensweise (mehr Bewegung, Senkung erhöhter Blutfette, Rauchen aufgeben) und eventueller medikamentöser Therapie können auch Heilpflanzen helfen. Fragen Sie Ihren Arzt oder Heilpraktiker. ▷ *Seite 86*
Haben Sie einen zu hohen Blutdruck und/oder zu hohen Cholesterinspiegel?	▶ Regelmäßig vom Arzt kontrollieren lassen und Lebensweise und Ernährung umstellen. Ein wahres Wundermittel ist hier außerdem Knoblauch wegen seiner cholesterin- und blutdrucksenkenden Wirkung. ▷ *Seite 86*
Leiden Sie unter Krampfadern und/oder Hämorrhoiden?	▶ Neben anderen vom Arzt empfohlenen Maßnahmen kann eine begleitende Therapie mit Heilpflanzen durchaus sinnvoll sein. ▷ *Seite 87*
Haben Sie Probleme beim Ein- oder Durchschlafen? Sind Sie öfters nervös und gestreßt?	▶ Bei nervös bedingten Schlafstörungen und Unruhezuständen können Tees und andere Zubereitungen aus Heilpflanzen helfen, die eine beruhigende Wirkung haben. Falls das nicht hilft, sollten Sie sich an Ihren Arzt oder Heilpraktiker wenden. ▷ *Seite 89*

Leiden Sie unter Depressionen?	▶ Depressionen gehören unbedingt in ärztliche Behandlung. Ein pflanzliches Mittel, das bei leichteren und auch schwereren Depressionen mit Erfolg eingesetzt wird und so gut wie gar keine Nebenwirkungen hat, ist das Johanniskraut. Diese Pflanze hat eine stimmungsaufhellende Wirkung, kann also auch bei leichteren Stimmungstiefs und seelischen „Durchhängephasen" helfen. ▷ *Seite 90*
Haben Sie das Gefühl, daß im Alter Ihre Konzentration, Leistungsfähigkeit und Spannkraft nachläßt?	▶ Bei Altersbeschwerden haben Ginsengpräparate eine sehr positive Wirkung. ▷ *Seite 92*
Leiden Sie unter Menstruationsbeschwerden?	▶ Es gibt Heilpflanzen, die den Menstruationszyklus regulieren und Schmerzen und andere Beschwerden während der Regel lindern. Falls sie nicht helfen, lassen Sie sich von Ihrem Frauenarzt beraten. ▷ *Seite 96*
Machen die Wechseljahre Ihnen zu schaffen?	▶ Es gibt verschiedene Pflanzen, die bei Wechseljahrsbeschwerden (z. B. Hitzewallungen und depressiven Verstimmungen) lindernd wirken. Sie sollten sich jedoch von Ihrem Arzt oder Heilpraktiker beraten lassen. ▷ *Seite 98*
Haben Sie Probleme mit Ekzemen?	▶ Mit Heilpflanzen lassen sich bei manchen Ekzemen gute Erfolge erzielen. Bei jedem Ekzem, das nicht durch äußere Reizstoffe entstanden ist und nicht innerhalb von zwei Wochen auf die Selbstbehandlung anspricht, zum Arzt oder Heilpraktiker gehen! ▷ *Seite 102*
Haben Sie unter Kopfschuppen zu leiden?	▶ Ein ausgezeichnetes natürliches Mittel gegen Schuppen ist die Brennessel. ▷ *Seite 106*
Leiden Sie unter Akne?	▶ Hier kann eine Kur mit Stiefmütterchentee helfen. ▷ *Seite 105*

Auch Gewürzpflanzen können eine heilende Wirkung haben!

Gewürzpflanzen

Heilpflanzen kennt jeder. Weniger bekannt ist, daß es auch Gewürze gibt, die sich positiv auf unsere Gesundheit – vor allem auf die Verdauung – auswirken können. Auf diese Weise läßt sich das Nützliche sehr leicht mit dem Angenehmen verbinden!

Als Arzneipflanzen (Heilpflanzen) bezeichnet man Pflanzen, die zu Heilzwecken verwendet werden. Streng wissenschaftlich betrachtet, gibt es ungefähr 300 Arten, die zur Zeit als Arzneipflanzen oder als Rohmaterial zur Gewinnung von Naturstoffen genutzt werden.

Daneben gibt es auch noch Gewürzpflanzen: Das sind Pflanzen beziehungsweise Pflanzenteile, die stark aromatisch riechen oder schmecken (oder beides) und die überwiegend in der Küche zum Aromatisieren von Lebensmitteln dienen. Sie zählen zwar strenggenommen nicht zu den Heilpflanzen, können aber trotzdem auch eine heilende Wirkung haben.

Viele Gewürze regen die Verdauung an

Viele Gewürze wurden ursprünglich als Heilpflanzen genutzt. Erst später merkte man, daß sie auch gut schmecken!

Schon in der Zeit vor der Entdeckung Amerikas führten arabische, indische und chinesische Kaufleute Gewürze nach Europa ein. Viele dieser Pflanzen wurden zuerst als Heilpflanzen genutzt und fanden später Verwendung als Gewürze, besonders diejenigen, von denen man feststellte, daß sie die Verdauung anregten und Blähungen und andere Verdauungsunpäßlichkeiten zu lindern vermochten.

So sind viele Gewürzpflanzen „verkappte" Heilmittel. Ganz besonders eignen sie sich als Beigabe zu fetten oder schwer verdaulichen Speisen, wo sie Verdauungsproblemen wie Blähungen und Völlegefühl vorbeugen können.Die untenstehende Tabelle gibt einen Überblick üer die wichtigsten dieser Gewürzpflanzen, ihre Wirkung und ihre Verwendung in der Küche..

Auch mit Gewürzen kann man etwas für seine Gesundheit tun. Die meisten wirken appetitanregend und verdauungsfördernd oder helfen bei Blähungen.

Verdauungsfördernde Gewürzpflanzen

Heilpflanze	Nutzen für die Verdauung	Verwendung in der Küche
Anis	verhindert Blähungen	Anisbrot, Anisplätzchen, Rotkraut
Basilikum	appetitanregend	Hammelfleisch, Kräuterbutter
Fenchel	verhindert Blähungen	Sauerkraut, Brot
Ingwer	appetitanregend	Obstsuppe, Obstsalate, Getränke
Kardamom	verhindert Blähungen	Fleischspeisen, Pastete, Kaffee
Koriander	appetitanregend verhindert Blähungen	Schweinebraten, Krautgerichte, Würste
Majoran	appetitanregend	Kartoffelsuppe, Leberknödel, Hammelfleisch
Melisse	windetreibend	Kalbfleisch, Lammbraten
Muskatnuß	galleflußfördernd	Suppen, Kartoffelbrei, Spinat
Nelken	verdauungsanregend	Apfelkompott, Süßspeisen, Glühwein
Petersilie	harntreibend	Suppen-, Saucen, Salate
Pfeffer	regt den Stoffwechsel an	Kalb-, Schweinefleisch, Gulasch
Pfefferminze	verhindert Blähungen	Gemüse, Omeletts, Süßspeisen
Cayennepfeffer	durchblutungsfördernd	scharfe Speisen
Wacholder	desinfiziert die Harnwege	Sauerkraut, Sauerbraten

Arzneipflanzen selbst sammeln – oder lieber kaufen?

Beschaffung **Warum Heilpflanzen kaufen, wenn sie doch im Wald und auf der Wiese wachsen? fragt sich vielleicht mancher. Aber wer Pflanzen selber sammeln will, muß sich schon sehr gut auskennen, denn es gibt viele giftige „Doppelgänger". Außerdem ist das Sammeln wegen unserer Umweltverschmutzung nicht immer zu empfehlen.**

Sammeln Sie nur Pflanzen, die Sie mit hundertprozentiger Sicherheit kennen!

Wenn man Heilpflanzen selbst sammeln möchte, muß eine sehr wichtige Voraussetzung erfüllt sein: Es dürfen nur *sicher* bekannte, gesunde und saubere Pflanzen gesammelt werden.

Abgesehen davon, daß falsch bestimmte Pflanzen nicht die erwünschte Wirkung herbeiführen, ja unter Umständen sogar unerwünschte Wirkungen mit sich bringen, schwanken die Wirkstoffgehalte wildwachsender Pflanzen von Standort zu Standort und von Jahr zu Jahr in einer Weise, die vom Laien nicht zu überprüfen ist. Damit sind natürlich auch alle Dosierungshinweise hinfällig.

Vorsicht: Viele Heilpflanzen sind geschützt!

Darüber hinaus muß man bedenken, daß viele Heilpflanzen dem geltenden Gesetz zum Schutz der wildwachsenden Pflanzen unterliegen. Für bestimmte Regionen gelten zusätzliche Verbote, und darüber hinaus haben Länder und Landkreise Sammelverbote auf

Empfehlung der Naturschutzbeauftragten erweitert, so daß in jedem Fall, *auch wenn zu nicht gewerblichen Zwecken gesammelt wird*, die Erlaubnis der zuständigen Behörde eingeholt werden muß.

Deshalb empfehlen wir allen Lesern, die keine ausgesprochenen Heilpflanzenkenner sind, sich die Arzneipflanzen doch lieber immer in der Apotheke zu besorgen. Der Apotheker garantiert nämlich für die Qualität und kann den Patienten selbstverständlich auch fachlich beraten.

Test:
Kommt das Heilpflanzensammeln für mich in Frage?

1. Können Sie die Heilpflanzen, die Sie sammeln möchten, in der Natur mit 100prozentiger Sicherheit erkennen? Kennen Sie ihre giftigen „Doppelgänger"? ◇ ja ◇ nein

2. Wissen Sie, welche Heilpflanzen giftig und daher nicht zur Selbstbehandlung geeignet sind? ◇ ja ◇ nein

3. Wissen Sie, welche Heilpflanzen unter Naturschutz stehen und deshalb nicht gesammelt werden dürfen? ◇ ja ◇ nein

4. Erkennen Sie, ob die Umgebung, in der Sie die Pflanzen sammeln möchten, frei von Umweltbelastungen ist? ◇ ja ◇ nein

5. Sind Sie sicher, welche Teile „Ihrer" Pflanzen als Arznei genutzt werden (Blüten, Blätter, Früchte, Samen, Wurzeln, Rinde)? ◇ ja ◇ nein

6. Wissen Sie, wie man Heilpflanzen sachgerecht sammelt, lagert und aufbereitet? ◇ ja ◇ nein

Wenn Sie auch nur bei einer Frage dieses Tests „nein" angekreuzt haben, kennen Sie sich noch nicht gut genug aus, um Heilpflanzen selbst zu sammeln. Sie sollten sie lieber in der Apotheke kaufen – oder sich anhand von Heilpflanzenbüchern und Sammelführern noch weiter kundig machen.

Arzneipflanzen aus dem eigenen Garten

Anbau und Lagerung

Schön ist es, wenn man die Möglichkeit hat, Arzneipflanzen im eigenen Garten zu kultivieren. Das ist einfacher und weniger zeitraubend als das Sammeln in freier Natur, und es besteht dabei in der Regel auch keine Verwechslungsgefahr mit Giftpflanzen.

Beim Anbau von Arzneipflanzen im eigenen Garten sollte man folgendes beachten: Das Saatgut muß abgesichert sein, der Boden sollte nicht „umweltverschmutzt" sein und die Anbaustätte auch nicht in der Nähe vielbefahrener Straßen liegen. Während der Wachstumsperiode bitte keine Schädlingsbekämpfungsmittel verwenden! Es sollte möglichst natürlich gedüngt werden und es sollten keine Pflanzenteile unmittelbar danach gesammelt werden – auch nicht solche, die von Schädlingen oder Schimmelpilzen befallen sind.

Sammeln, Trocknen und Lagerung

Wichtig: Pflanzen bei trockenem Wetter sammeln!

Um die relativ kleinen Mengen zu ernten, reicht zum Abschneiden der oberirdischen Pflanzenteile eine Gartenschere, zum Ausheben der unterirdischen Organe ein Spaten. Wer anfällig für Allergien ist, der sollte bei der Arbeit Schutzhandschuhe tragen, da manche Pflanzen hautreizende Substanzen absondern. Grundsätzlich müssen Arzneipflanzen bei trockenem Wetter gesammelt werden und frei von Beimischungen anderer Pflanzenteile sein. Die beste Sammelzeit ist von zehn Uhr bis 16 Uhr, weil die Pflanzen dann in der Regel optimal trocken sind.

Die geernteten Pflanzen und Pflanzenteile trocknet man am besten mit der natürlichen Wärme, gegen direkte Sonneneinstrahlung abgeschattet, an einem luftigen Ort. Das Trocknen dauert – je nach Jahreszeit und Pflanzenteil – unterschiedlich lange (siehe Tabelle).

Trocknungszeiten verschiedener Pflanzenteile

Pflanzenteil	Sommer (Tage)	Frühling und Herbst (Tage)
Blüten	3- 8	8-14
Blätter/Kraut (dünnhäutig)	3- 6	10-14
Blätter/Kraut (fleischig)	10-14	14-21
Blattknospen	10-14	14-21
Wurzeln	14	21

Im Sommer trocknen Pflanzen am schnellsten. Blätter und Blüten trocknen schneller als Wurzeln und dünnhäutige Blätter schneller als fleischige, weil sie weniger Wasser enthalten.

Wie schnell das Wasser abgedampft wird, hängt von der Temperatur und der Dicke und Natur des Pflanzenteilgewebes ab. Dicke Wurzeln sollte man längs durchschneiden. Die Temperaturobergrenze zum Trocknen liegt bei 50 Grad C.

In Pflanzenteilen, die Pektine, Schleime oder Zucker enthalten, wird das Wasser sehr stark gebunden. Das kann leicht zum Verschimmeln des Materials führen.

Das Trocknen dient der Konservierung; dadurch wird die Arzneipflanze in die Droge umgewandelt (das Wort hat in dieser Bedeutung nichts mit Rauschgift zu tun, sondern kommt vom altdeutschen Wort für *trocken)*. Die Lagerung der getrockneten Pflanzenteile erfolgt am besten auf dem Dachboden bzw. an einem trockenen, gut durchlüfteten Raum, aufgehängt in Papiertüten oder Leinensäckchen, und soll ein Jahr nicht überschreiten.

Eine „Droge" ist ein durch Trocknen haltbar gemachter pflanzlicher Stoff, der als Arzneimittel verwendet wird.

Wie werden Heilpflanzen angewendet?

Anwendungsformen

Heilpflanzen werden auf viele verschiedene Arten angewendet – vom Tee über Mundspül- und Gurgellösungen bis hin zu Bädern und Inhalationen. Hier erfahren Sie, was für Anwendungsformen es gibt und was Sie dabei beachten müssen.

Inhalator: Zur Inhalation bringt man Mund oder Nase an die Öffnung der Inhalationsmaske und drückt während des Einatmens den Gummiball zusammen. In einem Gefäß unter der Maske befinden sich heißes Wasser und das Heilpflanzenpräparat.

Bäder

Vollbäder nimmt man in der Badewanne bei Temperaturen zwischen 35 und 38 Grad C. Die Badedauer liegt in der Regel zwischen zehn und 15 Minuten. Anschließend ist Bettruhe zu empfehlen. Die Badeextrakte werden wie Tees bereitet, nur braucht man natürlich wesentlich größere Mengen.

(Genaue Dosierungsangaben finden Sie bei den einzelnen Heilpflanzen).

Gurgeln und Mundspülungen

Gegurgelt wird mit Tees oder Gurgellösungen. Die Gurgelzeit sollte (ohne Unterbrechungen) mindestens eine Minute betragen, für Mundspülungen braucht man ungefähr fünf Minuten.

Inhalationen und Dampfbäder

Für Inhalationen und Dampfbäder gibt man ungefähr eine Handvoll Teekräuter in einen Topf und übergießt sie mit ½ bis 1 l siedendem Wasser oder gibt ein paar Tropfen ätherisches Öl ins heiße Wasser.

Beim Dampfbad läßt man die Dämpfe auf die Haut einwirken. Bei der Inhalation bedeckt man den Kopf und das Gefäß mit einem Handtuch und atmet die Kräuterdämpfe tief ein. Es gibt aber auch sogenannte Inhalatoren mit einer Maske zu kaufen, die auf Mund oder Nase gedrückt wird. Die Augen bleiben dabei frei, dadurch werden Reizungen der Augen z. B. durch stärkere ätherische Öle vermieden. In ein an einem Verbindungsstück befestigtes Gefäß gibt man die ätherischen Öle. Anschließend füllt man heißes Wasser in das Gefäß, verschließt es und inhaliert.

Säfte

Man zerkleinert die frischen Kräuter (oder Früchte oder anderen Pflanzenteile) und entsaftet sie in einer Saft- oder Küchenmaschine. Frischsaft sollte sofort getrunken werden.

Wenn man Frischsaft länger stehen läßt, verliert er wertvolle Wirkstoffe und fängt nach einiger Zeit an zu gären.

Tees

Eine der gebräuchlichsten Anwendungsformen von Heilkräutern ist der Tee. Es gibt sowohl Einzeltees als auch Teemischungen, die man sich selbst zusammenstellen oder fertig kaufen kann.

Tinkturen

Heilpflanzentinkturen sind alkoholische Extrakte (Auszüge) aus pflanzlichen Drogen, zur innerlichen oder äußerlichen Anwendung (beispielsweise Umschläge, Hauteinreibungen).

Umschläge

Man tränkt einen Wattebausch mit Tee, drückt ihn leicht aus, bedeckt damit die zu behandelnde Stelle und legt einen Lappen darüber. (Statt des Wattebauschs kann man auch ein Gazetüchlein verwenden.)

Wie man Heilpflanzen zubereitet und dosiert

Zubereitung und Dosierung **Heißes Wasser draufgießen, ziehen lassen, und fertig ist der Tee – so einfach ist die Zubereitung leider nicht immer. Man muß sich schon genau an die Zubereitungshinweise halten und wissen, was Begriffe wie Aufguß, Abkochung und Kaltauszug bedeuten. Und auch die richtige Dosierung ist wichtig.**

Wichtigste Extraktionsmethoden: Abkochung, Aufguß, Einweichen (dazu gehören Tinktur und Kaltauszug).

Um die Inhaltsstoffe (Wirkstoffe) aus dem Drogenmaterial herauszuziehen (diesen Vorgang bezeichnet man als Extraktion), müssen die Pflanzenteile gleichmäßig mit Flüssigkeit benetzt werden. Dafür muß die Teemischung einen optimalen Zerkleinerungsgrad aufweisen. Für den normalen Verbrauch unterscheidet man zwischen „grob geschnitten", „fein geschnitten" und „gepulvert". Bei Teemischungen sollte man wegen der Gefahr der Entmischung auf einigermaßen gleichen Schnitt achten.

Wie werden Arzneipflanzen zerkleinert?

Bei Drogen mit ätherischen Ölen, die ihre Ölbehälter an der Oberfläche des Blattes führen, reicht ein gröberer Schnitt. Bei Früchten (z. B. Kümmel, Anis, Fenchel) sind die Ölbehälter (Ölkanäle) im Inneren verschlossen. Deshalb sollten sie angequetscht werden. Am besten eignet sich dafür ein kleiner Mörser.

Es gibt verschiedene Arten der Extraktion, das heißt, des Herausziehens der Wirkstoffe aus den Drogen. Die wichtigsten Methoden sind Abkochung, Aufguß (Infusion), Einweichen (Mazeration) und Extraktion.

Abkochung

Der Tee wird mit warmem Wasser angesetzt und 30 Minuten unter wiederholtem Umrühren im kochenden Wasserbad belassen. Dann wird die Abkochung heiß abgeseiht. Diese Art der Zubereitung eignet sich besonders für harte Drogen wie Wurzeln, Rinden und Hölzer.

Wenn nötig, kann man Tees mit Honig abschmecken.

Aufguß (Infusion)

Heißaufgüsse werden am besten in speziellen Aufgußtassen (mit einem Körbcheneinsatz und gut aufliegendem Deckel) hergestellt. Der Deckel ist wichtig, damit ätherische Öle nicht entweichen können. Man gibt das Teegemisch – 1 bis 3 g pro Tasse (ca. 150 ml) – in den Einsatz und übergießt es mit kochendem Wasser. Dann verschließt man die Tasse mit dem Deckel. Nach etwa zehn Minuten (je nach Zubereitungshinweisen) ist der Tee trinkfertig und kann abgeseiht werden.

Diese Art der Zubereitung eignet sich am besten für Tees, die ätherische Öle enthalten.

Einweichen (Mazeration)

Bei der Mazeration (Wässern, Einweichen) wird das zerkleinerte Drogengut (Teegemisch) für höchstens zwölf Stunden mit Wasser versetzt. Bei Bedarf kann man beim Ansetzen des Mazerats auch heißes Wasser verwenden. Falls man statt des Wassers Wein, Korn oder Honig verwendet, werden diese Ansätze vor Licht geschützt und bei Raumtemperatur unter täglichem Umrühren sieben bis zehn Tage stehengelassen. Nach der angegebenen Zeit wird das Extraktionsmaterial durch Pressen oder Abgießen der Flüssigkeit entfernt. Wäßrige Lösungen müssen innerhalb von drei Tagen verbraucht werden, alkoholische in ca. zehn Tagen. Am haltbarsten sind Honigextrakte.

Tinkturen kauft man am besten in der Apotheke, da dort der Wirkstoffgehalt standardisiert ist.

Tinktur

Werden die Arzneipflanzen zur Herstellung des Extrakts in Alkohol (Äthanol, 70 Prozent) eingeweicht, so spricht man von Tinkturen. Sie dienen sowohl zur innerlichen als auch zur äußerlichen Anwendung (zum Beispiel Umschläge, Hauteinreibungen) und werden in einem Extraktionsverhältnis Droge/Flüssigkeit 1:5 oder 1:10 hergestellt. Auch hier sollte man darauf achten, Mengen zuzubereiten, die spätestens innerhalb von drei Wochen verbraucht werden können.

Kaltauszug (Kaltmazerat)

Eine besondere Form des Einweichens ist die Zubereitung eines Kaltauszugs (Kaltmazerats) aus Schleime enthaltenden Drogen (zum Beispiel Eibischwurzel, Leinsamen, Bärentraubenblättern).

Man übergießt die Einzeldroge oder die Teemischung mit kaltem Wasser und läßt sie sechs bis acht Stunden stehen. Nach dem Abseihen ist der Tee trinkfertig. Bei Leinsamen kann die Lösung mit den Samen eingenommen werden.

Der Kaltauszug darf nur aus mikrobiologisch einwandfreiem Drogenmaterial zubereitet werden. Um die Keimzahl im Kaltauszug zu reduzieren, sollte man ihn sicherheitshalber kurz bis zur Siedetemperatur erwärmen und anschließend auf Trinktemperatur abkühlen lassen.

Bei den Fertigarzneimitteln unterscheidet man Monopräparate (die nur aus den Wirkstoffen einer einzigen Heilpflanze bestehen) und Kombinationspräparate (aus den Wirkstoffen mehrerer Heilpflanzen).

Fertigarzneimittel

Es können Situationen entstehen – beispielsweise im Urlaub oder auf Reisen –, in denen es technisch nicht möglich ist, sich selbst die gewohnten Teezubereitungen herzustellen. Für solche Fälle gibt es etliche Fertigpräparate – lösliche Tees, Tropfen, Flüssigkeiten –, die die selbstgemachten Tees gut ersetzen.

Wie dosiert man Heilpflanzen?

Die Dosierung richtet sich nach der Art der Beschwerden.

Tees gegen Verdauungsbeschwerden können ruhig nach der alten Formel „dreimal täglich" beziehungsweise während und/oder nach den Mahlzeiten eingenommen werden. Tees, die Erleichterung bei Erkältungskrankheiten verschaffen sollen, trinkt man mehrmals am Tag, damit das Abhusten erleichtert oder das „Kratzen" im Hals gemindert wird.

Bei Gallenflußbeschwerden oder Blähungen zwingt die Art der Beschwerden den Patienten unter Umständen, die Tees auch in der Nacht einzunehmen. Bei Blasen- und Nierenbeschwerden werden zum Spülen der ableitenden Harnwege Trinkkuren angewandt (ca. 2 l pro Tag).

Zu kurz vor dem Schlafengehen oder während der Nacht sollte man das verstärkte Trinken allerdings nicht praktizieren, da sonst der Nachtschlaf darunter leidet.

Auch bei chronischen, entzündlichen Erkrankungen des Magen-Darm-Kanals kann eine Trinkkur mit entzündungshemmenden, Krämpfe und Blähungen mindernden Tees helfen. Bei diesen und ähnlichen Trinkkuren soll eine Gesamtdauer von sechs Wochen nicht überschritten werden.

Beruhigungstees trinkt man tagsüber in kleinen Portionen und nimmt eine letzte Dosis, gut mit Honig gesüßt, als „Schlaftrunk" ca. 30 Minuten vor dem Schlafengehen ein.

Bei manchen Heilpflanzen ist es gar nicht möglich, selbst Tees herzustellen. In solchen Fällen läßt man sich vom Apotheker beraten. Er wird ein passendes Fertigpräparat empfehlen.

Bei welchen Beschwerden können Heilpflanzen helfen?

Arzneipflanzen lassen sich in vielen Bereichen anwenden – ihre Bandbreite reicht von Verdauungsbeschwerden über Erkältungen, Asthma und Erkrankungen der Niere, Blase und Harnwege bis hin zu Herz- und Kreislaufstörungen, nervösen Beschwerden, Frauenleiden und manchen Hauterkrankungen. In diesem Kapitel erfahren Sie alles über Anwendung, Zubereitung und Dosierung der wichtigsten Heilpflanzen.

Beschwerden der Verdauungsorgane

Verdauungsbeschwerden

Bei Verdauungsbeschwerden – von Appetitmangel und Völlegefühl über Durchfall und Verstopfung bis hin zu Magenschleimhautentzündung und Leber- und Galleleiden – können Heilkräuter sehr viel helfen. Zusätzlich empfiehlt sich häufig eine Umstellung der Ernährung.

Unser Verdauungssystem hat die Aufgabe, die Nahrung zu zerkleinern, zu transportieren und aufzuspalten, so daß das Blut ihre Bestandteile durch die Darmschleimhaut aufnehmen und im Körper verteilen kann.

Der Verdauungstrakt gleicht einem Schlauch, der den Körper vom Mund bis zum After durchzieht. Außen liegen Muskelschichten, die mit rhythmischen Wellenbewegungen für die Durchmischung und den Transport des Speisebreis sorgen. Innen ist der Schlauch mit einer Schleimhaut ausgekleidet, die spezielle Zellen enthält, die zusammen mit den Speicheldrüsen, der Leber und Bauchspeicheldrüse den Verdauungssaft produzieren. Dieser enthält chemische Verbindungen (Enzyme), die für die Zerlegung der Grundnährstoffe Eiweiß, Kohlenhydrate und Fett sorgen.

Die Magensaftproduktion wird durch Geruch und Geschmack des Essens ausgelöst. Das vegetative Nervensystem „vermittelt“ diese Reize an den Magen weiter.

Wie funktioniert unsere Verdauung?

Die Verdauung beginnt bereits im Mund. Durch das Kauen wird die Nahrung zerkleinert, eingespeichelt und die Verwertung der Kohlenhydrate vorbereitet.

Noch bevor der erste Bissen in den Magen gelangt, beginnen die Drüsen der Magenschleimhaut schon mit der Produktion des Magensaftes. Sobald der Magen gefüllt ist, setzt nach kurzer Zeit die Magenbewegung mit rhythmischen Einschnürungswellen ein. Der Magen arbeitet mit Darm, Leber und Bauchspeicheldrüse zusammen. Durch die Tätigkeit der Leberzellen wird die Gallenflüssigkeit gebildet. Sie mündet zusammen mit dem Bauchspeichel zwischen Magen und Dünndarm in den Verdauungstrakt und bereitet die Fettverdauung vor.

Durch Galle, Bauchspeichel und Darmsaft werden die Nährstoffe endgültig in ihre kleinsten, die Darmwand passierenden Bausteine gespalten. Blut und Lymphe verteilen sie dann im Körper.

Der gesunde Mensch produziert täglich ca. 6 l wäßrigen Verdauungssaft. Der größte Teil des Wassers wird im Darm wieder resorbiert (aufgenommen) und bleibt so als Körperflüssigkeit erhalten.

Viele Verdauungsbeschwerden sind Zivilisationskrankheiten

Magen- und Darmerkrankungen sind typische Krankheiten der heutigen Zeit. Sie werden häufig durch falsche Eßgewohnheiten ausgelöst. Es wird zuviel, zu fett, zu eiweißreich, zu ballaststoffarm und zu schnell gegessen.

Bei vielen Beschwerden des Verdauungstraktes erreicht man deshalb schon allein mit diätetischen Maßnahmen und Arzneipflanzen eine deutliche Besserung.

Verdauungsstörungen führen meist zu einem breitgestreuten Beschwerdenkomplex mit Appetitmangel, Völlegefühl, Druck im Oberbauch, Sodbrennen und Blähungen. Oft haben diese Beschwerden keine organische Ursache, sondern sind vegetativ-nervös bedingte Störungen, die zu einer Verminderung oder Vermehrung der Ausschüttung der Verdauungssäfte und der rhythmischen Kontraktion der Muskulatur des „Verdauungsschlauches" führen. Menschen mit empfindlichem „Nervenkostüm" reagieren leicht mit solchen Symptomen auf unsere heutige hektische Lebensweise. Dennoch sollten länger andauernde Beschwerden vom Arzt untersucht werden, um organische Ursachen auszuschließen.

Ballaststoffe sind in pflanzlicher Nahrung enthaltene unverdauliche Substanzen, die mit dem Stuhl wieder ausgeschieden werden. Sie sind aber trotzdem wichtig für unsere Verdauung, da sie die Darmbewegung (Peristaltik) anregen.

Appetitmangel

Achtung: Heilpflanzen, die Bitterstoffe enthalten, sollte man nicht bei Magen- und Zwölffingerdarmgeschwüren oder einem übersäuerten Magen und Sodbrennen einnehmen!

Bei Appetitmangel sind Heilpflanzen, die Bitterstoffe enthalten, sehr hilfreich. Bitterstoffe regen die Produktion der Verdauungssäfte an und steigern damit den Appetit. Außerdem wird ihnen eine allgemein anregende Wirkung zugesprochen.

Bitterstofftees – beispielsweise Enzian- und Tausendgüldenkrauttee – werden nicht nur bei Appetitmangel, sondern auch bei chronischen Magenbeschwerden getrunken, die mit einem Mangel an Verdauungssäften verbunden sind. Bei solchen Beschwerden empfiehlt es sich, den Tee vor den Mahlzeiten (und kalt) zu trinken. Auch als Gallenmittel (e S. 54) haben sich Bitterstoffdrogen bewährt. Zur Anregung der Galle ist es jedoch günstiger, den Tee nach den Mahlzeiten und gut warm zu trinken. Statt Tee kann man auch ein paar Tropfen einer alkoholischen Bitterdrogentinktur, die es in der Apotheke zu kaufen gibt, in Wasser einnehmen.

Teemischungen gegen Appetitlosigkeit ▷ S. 111

Man unterscheidet zwei Arten von Heilpflanzen mit Bitterstoffen: reine Bitterstoffdrogen (wie Tausendgüldenkraut, Enzianwurzel, Fieberkleeblätter und Condurangorinde) und Arzneipflanzen, die neben Bitterstoffen auch noch ätherische Öle oder andere Stoffe enthalten, beispielsweise Engelwurz und Wermut. Diese wirken zum Teil zusätzlich krampflösend und gallefördernd. Dazu gehören auch Pomeranzen- und Orangenschalen: schwache Bittermittel mit angenehm aromatischem Geschmack, die deshalb besonders gut für Kinder geeignet sind.

Außer den hier beschriebenen Heilpflanzen wirken auch Zwiebeln, Zimt, Korianderfrüchte, Pollen und medizinische Hefe appetitanregend. Die Hefe hat darüber hinaus den Vorteil, daß sie reich an Vitaminen des B-Komplexes ist.

Condurango (Marsdenia condurango)

Verwendete Teile: Rinde
Wirkung: regt die Ausschüttung der Verdauungssäfte an, hilft bei Appetitmangel. Wird meist mit anderen verdauungsanregenden Arzneipflanzen kombiniert.
Zubereitung: Aufguß, 1 TL auf 1 Tasse Wasser, 5–10 Min. ziehen lassen, dann abseihen.
Dosierung: 2–3mal täglich 1 Tasse vor den Mahlzeiten

Enzian (Gentiana lutea)

Verwendete Teile: Wurzel
Wirkung: regt Ausschüttung der Verdauungssäfte an; gegen Appetitmangel, Völlegefühl. ***Gegenanzeige:*** Magen- und Zwölffingerdarmgeschwür, übermäßige Magensäurebildung und Sodbrennen
Zubereitung: Aufguß, 1 TL auf 1 Tasse Wasser, 5–10 Min. ziehen lassen, dann abseihen.
Dosierung: 2–3 Tassen täglich

Fieberklee (Menyanthes trifoliata)

Verwendete Teile: Blätter
Wirkung: regt die Ausschüttung der Verdauungssäfte an; hilft bei Appetitmangel und Verdauungsschwäche.
Zubereitung: Aufguß, 1 TL auf 1 Tasse Wasser, 5–10 Min. ziehen lassen, dann abseihen.
Dosierung: 3mal täglich 1 Tasse

Tausendgüldenkraut (Centaurium minus)

Verwendete Teile: Kraut
Wirkung: fördert die Magensaftabsonderung; hilft bei Appetitmangel. Wird wegen der schwachen Wirkung meist mit anderen Bittermitteln kombiniert.
Zubereitung: Aufguß, 1–2 TL auf 1 Tasse Wasser, 15 Min. ziehen lassen, dann abseihen.
Dosierung: 3mal täglich 1 Tasse

Engelwurz (Angelica archangelica)

Verwendete Teile: Wurzel

Wirkung: gegen Appetitmangel, Völlegefühl; krampflösend. ***Nebenwirkung:*** macht die Haut lichtempfindlicher. (Auf Sonnenbäder und UV-Bestrahlung verzichten!)

Zubereitung: Abkochung oder Aufguß, 1 TL auf 1 Tasse Wasser, 10 Min. ziehen lassen, dann abseihen.

Dosierung: 3mal täglich 1 Tasse

Orangenschale (Citrus sinensis)

Verwendete Teile: Schale

Wirkung: Steigerung der Magensaftabsonderung. Orangenschalen sind ein schwacher Bitterstoff, eine Kombination mit anderen Bittermitteln ist daher sinnvoll.

Zubereitung: Aufguß, 1 TL auf 1 Tasse Wasser, 15 Min. ziehen lassen, dann abseihen.

Dosierung: 3mal täglich 1 Tasse

Pomeranzenschale (Citrus aurantium)

Verwendete Teile: Schale

Wirkung: steigert die Magensaftabsonderung. ***Nebenwirkung:*** gesteigerte Lichtempfindlichkeit der Haut v.a. bei hellhäutigen Personen.

Zubereitung: Aufguß, 1–2 TL auf 1 Tasse Wasser, 15 Min. ziehen lassen, dann abseihen.

Dosierung: 3mal täglich 1 Tasse

Wermut (Artemisia absinthium)

Verwendete Teile: Kraut

Wirkung: regt die Ausschüttung der Verdauungssäfte an; hilft gegen Verdauungsbeschwerden wie Völlegefühl, Blähungen, Störungen der Gallenausschüttung.

Zubereitung: Aufguß, 1 TL auf 1 Tasse Wasser, 10 Min. ziehen lassen, dann abseihen.

Dosierung: 2mal täglich 1 Tasse

Verdauungsschwäche

Viele Menschen leiden unter Verdauungsbeschwerden wie Völlegefühl, Sodbrennen und Blähungen. Hier haben sich Arzneipflanzen bewährt, die krampflösend und regulierend auf die Muskulatur von Magen, Darm und Gallenblase wirken. Sie lösen „verklemmte" Blähungen und verbessern den Transport des Nahrungsbreis. Dadurch verringern sich gasbildende Gärungsvorgänge im Darm und somit auch Blähungen, Aufstoßen, Druck- und Völlegefühl. Oft ist eine Kombination mit Heilpflanzen sinnvoll, die die Produktion der Verdauungssäfte stimulieren (▷ S. 38 und 54), denn verstärkte Gasbildung entsteht auch bei Mangel an Verdauungssäften durch Gärung der unvollständig verdauten Nahrung.

Darüber hinaus können Blähungen durch ein Ungleichgewicht der natürlichen Bakterienflora des Darms entstehen. Kamillentee mit Milchzucker hat einen positiven Einfluß auf die Zusammensetzung der Darmflora; dadurch läßt sich die normale Bakterienbesiedlung wiederherstellen.

Sehr wirksam bei übermäßiger Gasbildung sind außerdem die ätherischen Öle der Früchte von Kümmel, Fenchel und Anis. Sie werden als Gewürze oder zubereitet als Tee oder Schnaps (zum Beispiel Magenkümmel) verwendet und erleichtern Aufstoßen und den Abgang von Darmgasen. Diese Wirkung ist beim Kümmel am stärksten. Viele Menschen finden Fencheltee jedoch angenehmer im Geschmack. Er wird deshalb gern Säuglingen und Kleinkindern gegen Blähungen gegeben.

Ein gutes pflanzliches Mittel gegen Reiseübelkeit ist die Ingwerwurzel. Neuere Untersuchungen haben ergeben, daß sie es durchaus mit chemischen Medikamenten gegen Reisekrankheit aufnehmen kann und dabei nicht deren Nebenwirkungen hat.

Wenn der Magen gefüllt ist, setzt nach kurzer Zeit die Magenbewegung mit rhythmischen Einschnürungswellen ein. Fette hemmen diese Bewegung und die Ausschüttung des Magensaftes, deshalb liegen fette Speisen besonders lange im Magen. Hier können verdauungsfördernde Arzneipflanzen helfen.

Teemischungen gegen Verdauungsschwäche und Blähungen **▷ S. 111**

Anis (Pimpinella anisum)

Verwendete Teile: Früchte

Wirkung: gegen Blähungen, Appetitmangel, Völlegefühl. ***Nebenwirkung:*** allergische Reaktionen möglich

Zubereitung: Aufguß, 1 TL frisch gequetschte Anisfrüchte auf 1 Tasse Wasser, 5–10 Min. bedeckt ziehen lassen, dann abseihen.

Dosierung: 1–2 Tassen pro Tag

Artischocke (Cynara scolymus)

Verwendete Teile: Blätter

Wirkung: galleanregend.

Gegenanzeige: Allergien gegen Korbblütler (z. B. Artischocke), Verschluß der Gallenwege, Gallensteine

Zubereitung: Frischpflanzenpreßsaft; Fertigpräparate

Dosierung: mittlere Tagesdosis 6 g Artischockenblätter; bei Fertigpräparaten Gebrauchsinformation beachten.

Boldo (Peumus boldus)

Verwendete Teile: Blätter

Wirkung: regt Ausschüttung von Galle, Magensaft an.

Gegenanzeige: Lebererkrankungen, Verschluß der Gallenwege

Zubereitung: Aufguß, 1 TL auf 1 Tasse Wasser, 5–10 Min. bedeckt ziehen lassen, dann abseihen.

Dosierung: 2–3mal täglich 1 Tasse

Fenchel (Foeniculum vulgare)

Verwendete Teile: Früchte

Wirkung: krampflösend; hilft bei Blähungen, Appetitmangel, Völlegefühl.

Zubereitung: Aufguß, 1 TL frisch gequetschte Fenchelfrüchte auf 1 Tasse Wasser, 5–10 Min. ziehen lassen, dann abseihen.

Dosierung: mehrmals täglich 1–2 Tassen

Ingwer (Zingiber officinale)

Verwendete Teile: Wurzel

Wirkung: gegen Übelkeit, Brechreiz, Reisekrankheit.

Gegenanzeige: nicht anwenden bei Schwangerschaftserbrechen; bei Gallensteinleiden Arzt fragen.

Zubereitung: Aufguß, 1 TL (gepulvert) auf 1 Tasse Wasser, 5 Min. bedeckt ziehen lassen, dann abseihen.

Dosierung: 1–2 Tassen pro Tag vor den Mahlzeiten

Kamille (Matricaria recutita, Syn. Chamomilla recutita)

Verwendete Teile: Blüten

Wirkung: hilft bei akuten und chronischen Entzündungen der Magenschleimhaut, Blähungen; krampflösend.

Zubereitung: Aufguß, 2 TL auf 1 Tasse Wasser, 5–10 Min. bedeckt ziehen lassen, dann abseihen.

Dosierung: 3–4mal täglich 1 Tasse

Kümmel (Carum carvi)

Verwendete Teile: Früchte

Wirkung: krampflösend; hilft bei Blähungen, Völlegefühl, krampfartigen Beschwerden des Verdauungstraktes.

Zubereitung: Aufguß, 1 TL frisch gequetschte Kümmelfrüchte auf 1 Tasse Wasser, 5–10 Min. bedeckt ziehen lassen, dann abseihen.

Dosierung: 3mal täglich 1 Tasse

Löwenzahn (Taraxacum officinale)

Verwendete Teile: Wurzel und Kraut

Wirkung: regt die Verdauungssäfte an, hilft gegen Blähungen, Völlegefühl, Störungen des Galleabflusses.

Gegenanzeige: Verschluß der Gallenwege, Gallensteine

Zubereitung: Abkochung, 1 TL auf 1 Tasse Wasser, 10 Min. ziehen lassen, dann abseihen.

Dosierung: 2–3mal täglich 1 Tasse

Melisse (Melissa officinalis)

Verwendete Teile: Blätter

Wirkung: regt die Produktion der Verdauungssäfte an; beruhigt. Hilft bei nervösen Magenbeschwerden, Blähungen, nervös bedingten Einschlafstörungen.

Zubereitung: Aufguß, 2 TL auf 1 Tasse Wasser, 5–10 Min. bedeckt ziehen lassen, dann abseihen.

Dosierung: bei Bedarf mehrmals täglich 1 Tasse

Pfefferminze (Mentha piperita)

Verwendete Teile: Blätter

Wirkung: blähungswidrig, krampflösend, Galle anregend; gegen Übelkeit, Brechreiz, „verdorbenen Magen“.

Gegenanzeige: Verschluß der Gallenwege

Zubereitung: Aufguß, 1 EL auf 1 Tasse Wasser, 5–10 Min. bedeckt ziehen lassen, dann abseihen.

Dosierung: bei Bedarf mehrmals täglich 1 Tasse

Schafgarbe (Achillea millefolium)

Verwendete Teile: Kraut

Wirkung: krampflösend, Galle anregend

Zubereitung: 1. Teeaufguß: 1–2 TL auf 1 Tasse Wasser, 10 Min. bedeckt ziehen lassen, dann abseihen. 2. Pflanzenpreßsaft

Dosierung: zu den Mahlzeiten je 1 Tasse Tee oder 1 EL Saft

Schöllkraut (Chelidonium majus)

Verwendete Teile: Kraut

Wirkung: krampflösend; hilft bei krampfartigen Verdauungsbeschwerden.

Zubereitung: $\frac{1}{2}$ - 1 TL auf 1 Tasse Wasser, 5–10 Min. ziehen lassen, dann abseihen.

Dosierung: 1 Tasse jeweils vor den Mahlzeiten

Magenschmerzen

Bei der Behandlung von Magenbeschwerden spielen Kamille, Pfefferminze und Melisse die wichtigste Rolle.

Kamille ist bei längerem kurmäßigem Gebrauch eines der besten Mittel, um akute und auch chronische Entzündungen der Magenschleimhaut zu lindern. Außerdem wirkt sie krampflösend und beruhigend.

Pfefferminze und Melisse wirken anders als die Kamille. Das ätherische Öl der Pfefferminze lindert Schmerzen der Magenschleimhaut, Übelkeit und Erbrechen. Es fördert die Tätigkeit von Leber und Galle, wirkt gärungswidrig und krampflösend und bringt Erleichterung bei akuter Magenüberladung, chronischer Magenschleimhautentzündung, Blähungen und Völlegefühl.

Melisse ist aufgrund ihrer beruhigenden und krampflösenden Eigenschaften ein gutes Heilmittel bei nervösen Magenbeschwerden. Günstig ist eine Kombination von Melisse und Pfefferminze.

Lavendel wirkt beruhigend und eignet sich daher besonders zur Linderung nervöser Magen- und Darmbeschwerden (mit Kamille und Melisse kombinieren).

Zur Behandlung akuter Schleimhautentzündungen trinkt man am besten *ungesüßten* Kamillen- oder Schafgarbentee, denn der akut entzündete Magen ist meist übersäuert, und Zucker würde die Säureproduktion noch zusätzlich anregen. Bei chronischen Magenstörungen, Blähungen und Gallenleiden ist der Säuregehalt dagegen häufig verringert, und man kann den Tee daher ruhig mit Honig oder Zucker süßen.

Oft wird gefragt, ob man Teezubereitungen aus Kamille, Pfefferminze und/oder Melisse täglich trinken kann. Grundsätzlich können diese Tees nicht schaden, und die erfolgreiche Behandlung erfordert ohnehin meist eine längere Anwendung in Form einer Trinkkur.

Der Magensaft enthält Salzsäure. Der Schleim der Magenschleimhaut schützt die Magenoberfläche vor der Selbstverdauung durch die aggressive Säurewirkung. Bestimmte Faktoren (z. B. Streß, Kaffee, Alkohol) können das Gleichgewicht der Schleim- und Salzsäureproduktion stören und dadurch eine Gastritis (Magenschleimhautentzündung) auslösen.

Teemischung gegen Magenbeschwerden ▷ S.111

Doch kann sich die Heilwirkung durch langfristige Einnahme abschwächen. Wir empfehlen daher, die Kräuter für den täglichen Haustee ab und zu zu wechseln.

Süßholz hat bei der Behandlung von Magengeschwüren eine deutlich heilungsfördernde Wirkung. Die Inhaltsstoffe fördern jedoch die Wassereinlagerung ins Gewebe (Mondgesicht). Süßholz sollte deshalb nicht länger als 4–6 Wochen eingenommen werden.

Eibisch (Althaea officinalis)

Verwendete Teile: Wurzel

Wirkung: reizlindernd bei Schleimhautentzündungen des Magen- und Darmtraktes

Zubereitung: Kaltauszug, 1 EL mit kaltem Wasser übergießen, 1 1/2 Std. unter gelegentlichem Umrühren stehen lassen, dann abseihen.

Dosierung: mehrmals täglich 1 Tasse

Kamille (Matricaria recutita)

Verwendete Teile: Blüten

Wirkung: hilft bei akuten und chronischen Magenschleimhautentzündungen, Blähungen, Krämpfen und Koliken des Verdauungstrakts.

Zubereitung: Aufguß, 2 TL auf 1 Tasse Wasser, 5–10 Min. bedeckt ziehen lassen, dann abseihen.

Dosierung: mehrmals täglich 1 Tasse

Lavendel (Lavandula angustifolia)

Verwendete Teile: Blüten

Wirkung: beruhigend, entblähend

Zubereitung: 1. Teeaufguß: 2 TL auf 1 Tasse Wasser, 5–10 Min. bedeckt ziehen lassen, dann abseihen. 2. Badezusatz: 100 g mit 2 l heißem Wasser überbrühen, 5–10 Min. ziehen lassen, dann abseihen und ins Badewasser geben.

Dosierung: bei Bedarf mehrmals täglich 1 Tasse Tee

Leinsamen (Linum usitatissimum)

Verwendete Teile: Samen
Wirkung: hilft bei Magen- und Darmschleimhautentzündungen ***Gegenanzeige:*** Darmverschluß
Zubereitung: 1 EL unzerkleinerte Samen in 1 Glas kaltem Wasser mindestens 30 Min. quellen lassen, dann umrühren und Wasser mit den Samen einnehmen.
Dosierung: 2–3 mal täglich zu den Mahlzeiten

Melisse (Melissa officinalis)

Verwendete Teile: Blätter
Wirkung: gegen nervöse Magenbeschwerden, Blähungen, nervös bedingte Einschlafstörungen.
Zubereitung: Aufguß, 2 TL auf 1 Tasse Wasser, 5–10 Min. bedeckt ziehen lassen, dann abseihen.
Dosierung: bei Bedarf mehrmals täglich 1 Tasse

Pfefferminze (Mentha piperita)

Verwendete Teile: Blätter
Wirkung: krampflösend, Galle anregend; gegen Blähungen, Übelkeit, Brechreiz, „verdorbenen Magen“.
Gegenanzeige: Verschluß der Gallenwege
Zubereitung: Aufguß, 1 TL auf 1 Tasse Wasser, 5–10 Min. bedeckt ziehen lassen, dann abseihen.
Dosierung: bei Bedarf mehrmals täglich 1 Tasse

Süßholz (Glycyrrhiza glabra)

Verwendete Teile: Wurzel
Wirkung: gegen Magenschleimhautentzündungen, -geschwüre. ***Gegenanzeige:*** Leber- und Gallenwegserkrankungen, Bluthochdruck, Schwangerschaft. Nicht länger als 4–6 Wochen ohne ärztlichen Rat einnehmen!
Zubereitung: Abkochung, ½–1 TL (fein zerkleinert) auf 1 Tasse Wasser, 10 Min. ziehen lassen, dann abseihen.
Dosierung: 3mal täglich 1 Tasse

Verstopfung

Verstopfung entsteht durch Darmträgheit, die verschiedene Gründe haben kann, beispielsweise funktionelle Störungen des vegetativen Nervensystems, des Hormonhaushalts oder Einnahme bestimmter Medikamente. Am häufigsten sind allerdings Ernährungsfehler dafür verantwortlich. Durch ballaststoffarme Nahrung (zuviel Weißbrot und Fleisch, zuwenig Gemüse, Rohkost, Vollwertgetreide) fehlt der für den Stuhltransport nötige Dehnungsreiz auf die Darmmuskulatur. Es kommt zur verzögerten Entleerung von trockenem, hartem Stuhl.

Ballaststoffarme Ernährung ist eine häufige Ursache von Verdauungsstörungen, die ein typisches Leiden unserer Zeit sind. Ballaststoffe sind vor allem in Vollkornprodukten, Obst, Gemüse und Salaten enthalten.

Ballaststoffe sind Substanzen der pflanzlichen Nahrung, die durch die Verdauungssäfte nicht zerlegt werden können. Sie werden nicht ins Blut aufgenommen, sondern mit dem Stuhl wieder ausgeschieden. Sie sind jedoch für eine funktionierende Darmpassage des Nahrungsbreis unentbehrlich, denn ihr Volumen setzt einen Reiz, der zum Auslösen der Transportbewegung der Darmmuskulatur notwendig ist.

Dementsprechend besteht die Behandlung in erster Linie in einer Umstellung der Ernährung auf ballaststoff- und flüssigkeitsreiche Kost. Unterstützend wirkt die Einnahme von Schleim- und Quelldrogen wie Leinsamen, Flohsamen und Indischen Flohsamen mit *reichlich* Flüssigkeit. (Ausreichende Flüssigkeitszufuhr ist wichtig, da ansonsten Darmverschluß auftreten kann.)

Vorsicht! Keine Vorratslösungen von solchen Quelldrogen ansetzen, da die Gefahr des Verschimmelns besteht.

Die meisten pflanzlichen Fertigarzneimittel enthalten allerdings andere Abführdrogen (Anthranoiddrogen: Sennesblätter oder -schoten, Aloe, Rhabarberwurzel, Faulbaumrinde). Ihnen liegt ein ganz anderer Wirkungsmechanismus zugrunde: Die abführenden Substanzen (Anthranoide) führen zur Verflüssigung des Stuhls. Dabei kommt es als unerwünschte Nebenwirkung zur Ausscheidung von Mineralsalzen. Die längere Anwendung solcher Medikamente führt zu chronischer Reizung der Darmschleimhaut, Hemmung der Eigenbewegung des Darms und Mineralstoffverlust (v. a. Kalium).

Für den einmaligen Gebrauch bei leichter Verstopfung, wie sie bei manchen Menschen durch Ortswechsel in den ersten Tagen einer Reise auftritt, sind diese Mittel wohl geeignet. Keineswegs sollten sie jedoch gewohnheitsmäßig verwendet werden.

Leinsamen (Linum usitatissimum)

Verwendete Teile: Samen
Wirkung: abführend. ***Gegenanzeige:*** Darmverschluß
Zubereitung: 1 EL unzerkleinerte oder geschrotete Samen in 1/2 Glas kaltem Wasser ca. 5 Min. vorquellen lassen, umrühren und mit *reichlich* Flüssigkeit (1–2 Glas) zu den Mahlzeiten einnehmen.
Dosierung: 2–3mal täglich

Flohsamen (Plantago psyllium)

Verwendete Teile: Samen oder Samenschalen
Wirkung: abführend (quellend)
Zubereitung: 1–3 TL Samen in 1/2 Glas kaltem Wasser ca. 5 Min. vorquellen lassen, umrühren und mit *reichlich* Flüssigkeit (1–2 Glas) zu den Mahlzeiten einnehmen.
Dosierung: 2–3mal täglich

Indische Flohsamen (Plantago ovata)

Verwendete Teile: Samen oder Samenschalen
Wirkung: abführend (quellend)
Zubereitung: 1–3 TL Samen in 1/2 Glas kaltem Wasser ca. 5 Min. vorquellen lassen, umrühren und mit *reichlich* Flüssigkeit (1–2 Glas) zu den Mahlzeiten einnehmen.
Dosierung: 2–3mal täglich

Durchfall

Durchfall entsteht durch eine beschleunigte Darmpassage, die verschiedene Ursachen haben kann:

- Entzündungen der Darmschleimhaut können zu einer unvollständigen Aufnahme von Nahrungsbestandteilen und Wasser und dadurch zu breiigen oder wäßrigen Stühlen führen.
- Infektiöse Durchfälle entstehen durch Giftstoffe, die von Bakterien produziert werden und die Darmschleimhaut reizen. Die Schleimhaut wird dadurch „undicht" und läßt Salze und Wasser aus dem umliegenden Gewebe ins Darminnere durch.
- Angst, Schreck oder Streß können den Stuhl „durchfallen" lassen, indem sie über das vegetative Nervensystem die Tätigkeit der Darmmuskulatur anregen.
- Durch Viren werden im Sommer – oft bei Wechsel von heißem zu kühlem Wetter – üblicherweise harmlose sogenannte Sommerdurchfälle verursacht.

Durchfall ist demnach keine Krankheit, sondern ein Symptom, das bei diversen (auch schwereren) Erkrankungen auftritt. Deshalb sollte jeder Durchfall (mehr als sechs Entleerungen pro Tag), der länger als drei Tage dauert oder mit hohem Fieber und Störungen des Allgemeinbefindens einhergeht, vom Arzt abgeklärt werden.

Mit dem Durchfall verliert der Körper viel Wasser und Salz. Diese Verluste müssen ersetzt werden, zum Beispiel durch mit Traubenzucker gesüßten Tee und Salzstangen. Die Weltgesundheitsorganisation empfiehlt: *20 g Traubenzucker, 3,5 g Kochsalz, 2,5 g Natriumhydrogencarbonat (Natron), 1,5 g Kaliumchlorid, gelöst auf 1 l Wasser.*

Durch den Zucker wird die Aufnahme von Salzen und Flüssigkeit verbessert.

Stopfend wirken Arzneipflanzen mit einem hohen Gehalt an Gerbstoffen, da sich diese mit den Eiweißen der Schleimhaut verbinden und dadurch eine adstringierende (= zusammenziehende, abdichtende) Wirkung ausüben. Unter einer „Schutzschicht" kommt es zur Trocknung und Heilung der entzündeten Schleimhaut.

Ein weiteres einfaches und gutes Mittel sind geriebene Äpfel. Das Wirkprinzip dieses altbewährten Hausmittels ist Pektin, ein Bestandteil pflanzlicher Zellwände. Es bindet Giftstoffe und quillt in Wasser unter Bildung einer Art Schleim, der den Darm vor Reizstoffen schützt.

Es gibt auch Fertigarzneimittel zu kaufen, die Pektin enthalten.

Frauenmantel (Alchemilla vulgaris)

Verwendete Teile: Kraut
Wirkung: adstringierend, stopfend; hilft bei leichten, unspezifischen Durchfallerkrankungen.
Zubereitung: Aufguß, 1–2 TL auf 1 Tasse Wasser, 10 Min. ziehen lassen, dann abseihen.
Dosierung: bei Bedarf 1–3 Tassen täglich

Gänsefingerkraut (Potentilla anserina)

Verwendete Teile: Kraut
Wirkung: adstringierend, stopfend; hilft bei leichten, unspezifischen Durchfallerkrankungen.
Zubereitung: Aufguß, 2 TL auf 1 Tasse Wasser, 10 Min. ziehen lassen, dann abseihen.
Dosierung: bei Bedarf mehrmals täglich

Heidelbeere (Vaccinium myrtillus)

Verwendete Teile: getrocknete Beeren
Wirkung: adstringierend, stopfend; hilft bei leichten, unspezifischen Durchfallerkrankungen.
Zubereitung: Abkochung, 1 EL gequetschte Beeren auf 1 Tasse Wasser, 10 Min. ziehen lassen, dann abseihen.
Dosierung: 3–4mal täglich 1 Tasse Tee trinken oder 1 EL getrocknete Beeren kauen.

Odermennig (Agrimonia eupatoria)

Verwendete Teile: Kraut

Wirkung: adstringierend, entzündungshemmend; hilft bei leichten, unspezifischen Durchfallerkrankungen.

Zubereitung: Aufguß, 1–2 TL auf 1 Tasse Wasser, 5–10 Min. ziehen lassen, dann abseihen.

Dosierung: 3–4mal täglich 1 Tasse

Schwarzer Tee (Camellia sinensis)

Verwendete Teile: Blätter

Wirkung: adstringierend, stopfend; hilft bei leichten, unspezifischen Durchfallerkrankungen.

Zubereitung: Aufguß, 1 TL auf 1 Tasse Wasser, mindestens 10 Min. ziehen lassen, dann abseihen.

Dosierung: bei Bedarf 1–2 Tassen mehrmals täglich

Tormentill (Potentilla erecta)

Verwendete Teile: Wurzel

Wirkung: hilft bei leichten, Durchfallerkrankungen; wirkt besonders günstig zusammen mit Kamille.

Zubereitung: Abkochung, $1/2$ TL auf 1 Tasse Wasser, 5–10 Min. ziehen lassen, dann abseihen.

Dosierung: 3–4mal täglich 1 Tasse Tee oder 1 Messerspitze Wurzelpulver einnehmen.

Uzara (Pachycarpus- und Xysmalobium-Arten)

Verwendete Teile: Wurzel

Wirkung: adstringierend, stopfend; hilft bei leichten, unspezifischen Durchfallerkrankungen.

Zubereitung: nicht üblich; es gibt Fertigpräparate. Fragen Sie Ihren Apotheker.

Lebererkrankungen

Die Leber ist die größte Drüse unseres Körpers und seine zentrale chemische „Fabrik“. Sie verarbeitet oder speichert die mit der Nahrung aufgenommenen Vitamine und Nährstoffe oder bereitet sie dafür vor, stellt Abwehrstoffe des Immunystems her und produziert die Galle. Außerdem entgiftet sie körpereigene und fremde toxische (giftige) Substanzen und leitet sie der Ausscheidung über die Niere oder den Darm zu.

Müdigkeit, Depressionen, Immunschwäche, geringe Belastbarkeit können ein Zeichen für eine Störung der Leber sein.

Erkrankungen der Leber spielen heute eine zunehmende Rolle, vor allem die meist durch Alkoholkonsum und Überernährung verursachte Fettleber, aber auch die durch Virus-Hepatitis geschädigte Leber. Ihre Behandlung besteht in erster Linie im Weglassen leberschädigender Substanzen (Alkohol, einige Medikamente und chemische Lösungsmittel u.a.) und schwerverdaulicher Speisen wie Hülsenfrüchte.

Teemischungen gegen Leber- und Gallenbeschwerden ▷ S.112

Bei der medikamentösen Behandlung von Lebererkrankungen kommt der Pflanzenheilkunde durch die Früchte der Mariendistel eine besondere Bedeutung zu. Ihre Extrakte gehören zu den wirksamsten Lebermitteln überhaupt. Ihre Inhaltsstoffe schützen die gesunde und die kranke Leber vor zahlreichen Giften. Außerdem stimulieren sie den Stoffwechsel der Leber und ihre Regenerationsfähigkeit.

Das Lebergewebe ist nicht schmerzempfindlich, wohl aber die bindegewebige Hülle des Organs. Schmerz tritt nur auf, wenn die Leber geschwollen ist, so daß diese Hülle spannt.

Mariendistel (Silybum marianum)

Verwendete Teile: Früchte

Wirkung: gegen Verdauungsbeschwerden, toxische Leberschäden, chronische Lebererkrankungen

Zubereitung: Aufguß oder Abkochung, 2 TL gequetschte Früchte auf 1 Tasse Wasser, 20 Min. bedeckt ziehen lassen, dann abseihen. Fertigpräparate sind wirkungsvoller!

Dosierung: 3 Tassen täglich

Gallenbeschwerden

Häufig verbergen sich hinter Magen- und Verdauungsbeschwerden Störungen, die von der Gallenblase herrühren. Diese müssen anfänglich keine organischen Ursachen haben; es können auch Funktionsstörungen sein. Es gilt also, regulierend auf die Tätigkeit von Leber und Gallenblase einzuwirken.

Es gibt zwei verschiedene Wirkungsbereiche der Heilpflanzen: erstens die Anregung der *Produktion* der Galle durch die Leber und zweitens die Förderung des *Abflusses* bereits gebildeter Galle aus Leber und Gallenblase. Meist finden sich beide Wirkungen kombiniert in den entsprechenden Heilpflanzen (z. B. Artischocken). Die Funktionen von Leber und Galle sind eingebunden

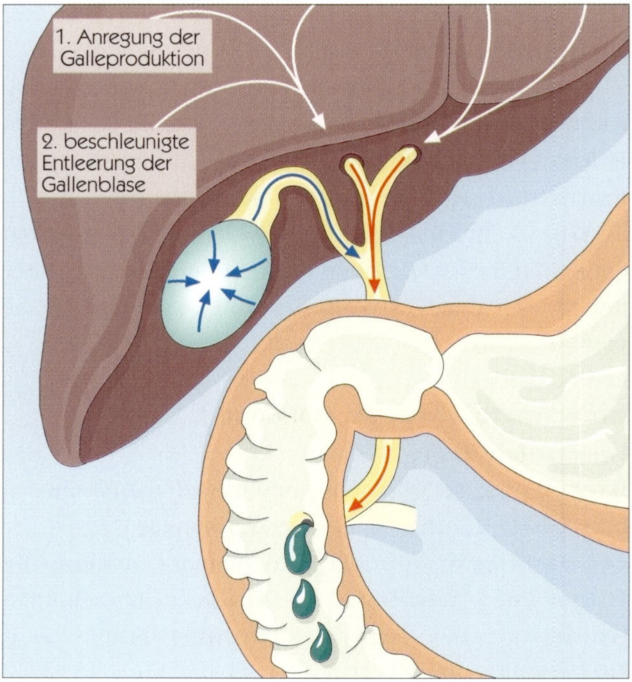

Pflanzliche Arzneimittel können zwei verschiedene Wirkungen haben: Sie können 1. die Galleproduktion in den Leberzellen anregen und 2. die Entleerung der Gallenblase und den Abfluß des Gallensaftes in den Dünndarm beschleunigen.

in unser Verdauungssystem. Ihre Störungen stehen nie isoliert da, sondern haben Auswirkungen auf das gesamte Zusammenspiel der Verdauung. In der Regel sind deshalb für ihre Behandlung Kombinationen von gallenwirksamen Drogen und Arzneipflanzen mit verdauungssaftanregenden und krampflösenden Eigenschaften sinnvoll.

Besonders eignet sich Wermut zur Behandlung von Gallenbeschwerden. Selbst hartnäckige und chronische Beschwerden lassen sich durch eine Wermutkur bessern oder sogar völlig beheben. Dazu trinkt man über drei bis vier Wochen mittags und abends nach dem Essen eine Tasse ungesüßten Wermuttee.

Auch junge Löwenzahnblätter können verwendet werden. Sie geben einen angenehm bitter schmeckenden Frühlingssalat. Die Löwenzahnwurzel ist aufgrund ihrer anregenden Wirkung auf den gesamten Stoffwechsel und die Ausscheidungsfähigkeit von Leber und Niere ein Heilmittel bei Leber-Galle-Beschwerden und bei Entzündungen der Harnwege. Außerdem wirkt Löwenzahn der Gallensteinbildung entgegen. Es empfiehlt sich je eine 4–8wöchige Frühjahrs- und Herbstkur, während der man 2–3mal täglich eine Tasse Tee trinkt.

Frischer Rettichsaft ist ein bekanntes Volksmittel gegen Gallenbeschwerden. Ein mittelgroßer geschälter Rettich ergibt etwa 1/4 Liter Saft, den man über den Tag verteilt trinkt.

Teemischungen gegen Leber- und Gallenbeschwerden ▷ S. 112

Bei längerem Gebrauch von Kombinationspräparaten aus der Apotheke sollte man darauf achten, daß diese keine pflanzlichen Abführmittel (Anthranoiddrogen, ▷ S. 48) enthalten, da diese unerwünschte Nebenwirkungen haben.

Artischocke (Cynara scolymus)

Verwendete Teile: Blätter
Wirkung: Galleabfluß anregend, Leber regenerierend, hilft bei Verdauungsschwäche. ***Gegenanzeige:*** Korbblütler-Allergien, Verschluß der Gallenwege, Gallensteine
Zubereitung: Frischpflanzenpreßsaft; Fertigpräparate
Dosierung: mittlere Tagesdosis 6 g Artischockenblätter; bei Fertigpräparaten Gebrauchsinformation beachten.

Boldo (Peumus boldus)

Verwendete Teile: Blätter

Wirkung: regt die Ausschüttung von Galle und Magensaft an. ***Gegenanzeige:*** Verschluß der Gallenwege, schwere Lebererkrankungen

Zubereitung: Aufguß, 1 TL auf 1 Tasse Wasser, 5–10 Min. bedeckt ziehen lassen, dann abseihen.

Dosierung: 2–3mal täglich eine Tasse

Erdrauch (Fumaria officinalis)

Verwendete Teile: Kraut

Wirkung: hilft bei krampfartigen Beschwerden im Bereich der Gallenwege.

Zubereitung: Aufguß, 1–2 TL auf 1 Tasse Wasser, 10 Min. ziehen lassen, dann abseihen.

Dosierung: mehrmals täglich 1 Tasse zu den Mahlzeiten trinken.

Javanische Gelbwurz (Curcuma xanthorrhiza)

Verwendete Teile: Wurzelstock

Wirkung: Galleabfluß anregend. ***Nebenwirkungen:*** bei längerem Gebrauch Magenbeschwerden. ***Gegenanzeige:*** Verschluß der Gallenwege, Gallensteine

Zubereitung: Aufguß, ½ TL auf 1 Tasse Wasser, 5–10 Min. ziehen lassen(gebräuchlicher: Fertigpräparaten).

Dosierung: 2–3mal täglich

Löwenzahn (Taraxacum officinale)

Verwendete Teile: Wurzel und Kraut

Wirkung: anregend auf Verdauungssäfte und Galleabfluß, harntreibend. ***Gegenanzeige:*** Verschluß der Gallenwege, Gallensteine

Zubereitung: Abkochung, 1–2 TL auf 1 Tasse Wasser, 10 Min. ziehen lassen, dann abseihen.

Dosierung: 2–3mal täglich 1 Tasse Tee oder 1 EL Saft

Pfefferminze (Mentha piperita)

Verwendete Teile: Blätter
Wirkung: blähungswidrig, krampflösend, Galleproduktion anregend; gegen Übelkeit, Brechreiz, „verdorbenen Magen“. ***Gegenanzeige:*** Verschluß der Gallenwege
Zubereitung: Aufguß, 1 TL auf 1 Tasse Wasser, 5–10 Min. bedeckt ziehen lassen, dann abseihen.
Dosierung: mehrmals täglich 1 Tasse

Rettich (Raphanus sativus)

Verwendete Teile: Wurzel
Wirkung: fördert Galleproduktion und -abfluß. ***Nebenwirkung:*** evtl. Magenbeschwerden. ***Gegenanzeige:*** Gallensteine. ***Hinweis:*** kurmäßige Anwendung über einige Tage, jedoch nicht über längere Zeit ohne Pausen
Zubereitung: Preßsaft; Fertigpräparate
Dosierung: 3mal täglich 1 EL Saft

Schöllkraut (Chelidonium majus)

Verwendete Teile: Kraut
Wirkung: hilft bei krampfartigen Beschwerden der Gallenwege und des Magen-Darm-Traktes.
Zubereitung: Aufguß, 1 TL auf 1 Tasse Wasser, 5–10 Min. ziehen lassen, dann abseihen.
Dosierung: bei Bedarf 1 Tasse vor oder zu den Mahlzeiten

Wermut (Artemisia absinthium)

Verwendete Teile: Kraut
Wirkung: regt die Ausschüttung der Verdauungssäfte an, hilft bei Appetitmangel, Verdauungsbeschwerden, Völlegefühl.
Zubereitung: Aufguß, 1 TL auf 1 Tasse Wasser, 10 Min. ziehen lassen, dann abseihen.
Dosierung: 2mal täglich 1 Tasse

Beschwerden der Atmungsorgane

Erkältungen, grippale Infekte, Bronchialasthma

Das Hauptanwendungsgebiet von Heilpflanzen im Bereich der Atmungsorgane sind Erkältungen und grippale Infekte. Man muß bei Schnupfen, Husten, Heiserkeit und allgemeiner Infektanfälligkeit nicht immer gleich zur „chemischen Keule" greifen. Es gibt zahlreiche Heilpflanzen, die hier helfen können.

Durch Husten hilft unser Organismus sich selbst – Staubteilchen und Schadstoffe werden nach draußen befördert. Nicht immer ist es deshalb gut, den Husten zu unterdrücken.

In unserer Lunge findet der Gasaustausch zwischen Luft und Blut statt. Auf ihrem Weg dorthin passiert die Luft die Nase mit ihren Nebenhöhlen, den Rachen und Kehlkopf, die Luftröhre und die Bronchien. Diese Organe sind mit einer speziellen Schleimhaut ausgekleidet, die die Aufgabe hat, die eingeatmete Luft aufzuwärmen, anzufeuchten und zu reinigen. Denn beim Atmen können mit der Luft auch Staub und andere Schadstoffe in die Atemwege gelangen. Die Schleimhaut reagiert darauf mit vermehrter Schleimproduktion. Auf ihrer Oberfläche befinden sich kleine Geißeln (Wimpern), die sich ständig gleichgerichtet – wie ein Kornfeld im Wind – bewegen und die eingeschleimten Staubteilchen wieder nach außen befördern. Diese Reinigung wird durch Husten, der eine reflektorische Heilmaßnahme des Organismus darstellt, verstärkt.

Die zunehmende Luftverschmutzung belastet (und überlastet oft) diese Schutzfunktionen der Schleimhaut. Immer mehr Menschen, besonders Kinder, reagieren darauf mit Krankheiten der Atmungsorgane, erhöhter Anfälligkeit für Erkältungen und grippalen Infekten. Diese

Erkrankungen gehen mit entzündlichen Reizungen der Schleimhaut einher. Die Behandlung zielt darauf, den Reizzustand zu lindern, die Abwehrkräfte zu stimulieren und das Entzündungsgeschehen umzustimmen. Die vielen pflanzlichen Heilmittel, mit denen schon seit Jahrhunderten Atemwegserkrankungen behandelt werden, wirken durch ihren Gehalt an ätherischen Ölen, Schleimen, Saponinen oder Gerbstoffen.

Wirksam bei Erkrankungen der Luftwege sind Heilpflanzen mit ätherischen Ölen, die Komponenten mit entzündungshemmenden, antibakteriellen und schleimverflüssigenden oder krampflösenden Eigenschaften besitzen.

Schleime schützen die entzündete Schleimhaut vor Reizstoffen und verbessern dadurch den Heilungsverlauf. Solche Schleimdrogen sind beispielsweise Eibisch, Spitzwegerich, Königskerze und Isländisch Moos.

Saponine verflüssigen zähen Schleim und machen ihn leichter abhustbar. Beispielsweise enthalten Efeu und Schlüsselblumen Saponine.

Gerbstoffe haben einen adstringierenden Effekt: Sie verbinden sich mit den Eiweißen der Schleimhäute zu einer „Schutzschicht". Unter dieser kommt es zur Heilung; Schwellung und Rötung gehen zurück. Sie werden bei Entzündungen der oberen Atemwege (Mund und Rachen) angewandt, da sie nur örtliche Wirkung haben.

Die entzündeten obersten Gewebeschichten der Schleimhäute werden durch die Einwirkung der Gerbstoffe widerstandsfähiger und weniger reizempfindlich.

Bei Lungenentzündung, Bronchialasthma und einigen anderen Atemwegserkrankungen sind pflanzliche Mittel allein eventuell nicht ausreichend, wohl aber sehr hilfreich zur unterstützenden und ergänzenden Behandlung – zum Beispiel beim Asthma zur Intervallbehandlung (Vorbeugung von Anfällen). Bei Selbstbehandlung ist allerdings unbedingt zu beachten, daß jeder Husten, der nicht innerhalb von drei Wochen auf die Behandlung anspricht, grundsätzlich vom Arzt abzuklären ist.

Erkältungen und grippale Infekte

Auch durch regelmäßige Saunabesuche und körperliche Betätigung an frischer Luft kann man sein Immunsystem stärken.

Obwohl wir ständig mit Bakterien und Viren in Berührung kommen, erkranken wir nur relativ selten. Denn zwischen den Krankheitserregern und unserem Immunsystem findet ein dauerndes Kräftemessen statt. Bakterien und Viren machen uns nicht krank, solange unsere Abwehrmechanismen stark sind. Wenn dieses Schutzsystem allerdings geschwächt ist, beispielsweise durch Streß, Schlafmangel oder Kälte, kann der Kampf zwischen Krankheitserregern und der körpereigenen Abwehr zugunsten der Bakterien verlaufen – wir werden krank.

Daraus ergeben sich zwei Ansätze für die Behandlung. Der eine besteht darin, die Bakterien zu schwächen oder sogar abzutöten. Das ist das Prinzip der Antibiotikatherapie. Der Körper ist dabei aber sowohl mit den toxischen Substanzen der abgetöteten Bakterien als auch mit den Nebenwirkungen der Antibiotika belastet.

Die zweite Möglichkeit besteht darin, die körpereigene Abwehr anzuregen und zu stärken. Das ist der Weg, den die Pflanzen- und Naturheilkunde geht.

Der Rote Sonnenhut wirkt auch unterstützend bei chronisch wiederkehrenden Entzündungen der Atem- und Harnwege

Besondere Bedeutung kommt dabei dem Roten Sonnenhut und der Eleutherokokkwurzel (auch Taigawurzel oder russischer bzw. sibirischer Ginseng genannt) zu. Sonnenhut stärkt die Resistenz gegen Infektionen aller Art, vor allem gegen grippale Infekte. Man sollte gleich zu Beginn der Erkrankung eine hohe Anfangsdosis (50 Tropfen einer alkoholischen Tinktur, die in der Apotheke erhältlich ist) und dann möglichst oft (alle 1–2 Stunden) kleine Gaben (10–20 Tropfen) einnehmen.

Teemischung gegen Erkältungen ▷ S. 112

Außerdem kann man die Abwehrkräfte des Körpers durch „Schwitzkuren“ anregen. Schweißtreibend wirken Holunderblüten- und Lindenblütentee.

Eleutherokokk (Acanthapanax senticosus)

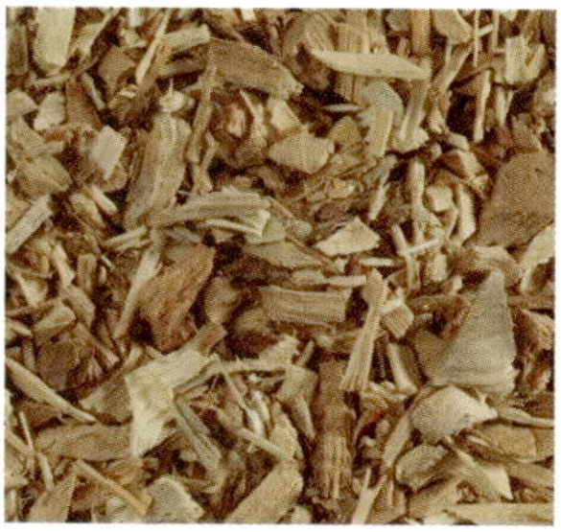

Verwendete Teile: Wurzel, Wurzelstock

Wirkung: „Anti-Streß"-Wirkung bei Belastungen; stärkt das Abwehrsystem bei beginnenden grippalen Infekten.

Gegenanzeige: nicht anwenden bei Fieber, Bluthochdruck und nach Herzinfarkt.

Zubereitung: nicht üblich; es gibt Fertigpräparate in der Apotheke.

Roter Sonnenhut (Echinacea purpurea)

Verwendete Teile: Wurzel

Wirkung: Stimulierung des Immunsystems, vorbeugend bei ersten Anzeichen eines Infektes. ***Gegenanzeige:*** Tuberkulose, Rheuma, Diabetes, multiple Sklerose u. a.

Zubereitung: Aufguß, 1 TL auf 1 Tasse Wasser, 5–10 Min. ziehen lassen, dann abseihen; Fertigpräparate sind jedoch gebräuchlicher.

Holunder (Sambucus nigra)

Verwendete Teile: Blüten

Wirkung: schweißtreibend; für Schwitzkuren bei Erkältungskrankheiten.

Zubereitung: Aufguß, 2 TL auf 1 Tasse Wasser, 5–10 Min. ziehen lassen, dann abseihen.

Dosierung: mehrmals täglich 1–2 Tassen möglichst heiß trinken.

Lindenblüten (Tilia cordata, T. platyphyllos)

Verwendete Teile: Blüten

Wirkung: schweißtreibend; für Schwitzkuren bei Erkältungen; wirkt außerdem lindernd bei trockenem Reizhusten.

Zubereitung: Aufguß: 1 TL auf 1 Tasse Wasser, 5–10 Min. ziehen lassen, dann abseihen.

Dosierung: mehrmals täglich 1 Tasse heiß trinken.

Schnupfen

Eine Schnupfenbehandlung, die bei der Ursache der Erkrankung ansetzt, gibt es nicht. Man kann nur ganz allgemein das Immunsystem stärken.

Wie man Kräuterdämpfe inhaliert, wird auf S.28 erklärt.

Rein symptomatisch können die Schnupfenbeschwerden durch die Inhalation von ätherischen Ölen folgender Heilpflanzen gelindert werden: *Eukalyptusblätter, Pfefferminzblätter, Fichtenspitzen, Kiefernnadeln, Kamillenblüten (einzeln oder in Kombination).*

Man kann diese Heilpflanzen auch in Form von Salben oder Badezusätzen anwenden.

Nasennebenhöhlenentzündung

Wenn ein Schnupfen nicht vollständig ausheilt, kann es in den Nasennebenhöhlen zur Entzündung und Ansammlung von festem Schleim kommen. Wie bei allen Erkrankungen mit zähem Schleim muß man zur Beseitigung der Stauung viel (2–3 l täglich) möglichst warme Flüssigkeit trinken. Schleimlösende Tees (Anis, Efeu, Eukalyptus, Fenchel, Kamille, Königskerze, Schlüsselblume, Süßholz, Thymian) sind dafür gut geeignet. Dampfbäder mit Fichtennadeln, Thymian oder Kamille lassen die Eigenschaften der flüchtigen Öle direkt in den Nebenhöhlen wirksam werden. Bei Kamille sollte man beachten, daß sie einen austrocknenden Effekt auf die Schleimhaut hat und bei trockenen Schleimhäuten deshalb nicht angewandt werden sollte.

▷ Stichwort „Husten mit Verschleimung", S.69

Dampfbäder ▷ S.28

Erleichterung verschaffen oft auch Nasenspülungen mit lauwarmer physiologischer Kochsalzlösung (zu einem Liter abgekochtem Wasser wird 1 Teelöffel Salz oder Emser Salz gegeben), der man noch etwas Ringelblumen- oder Kamillentinktur zusetzen kann.

Entzündungen im Mund, Halsschmerzen, Heiserkeit

Entzündungen im Hals und Rachen sind oft erste Anzeichen einer Erkältung. Die Abwehr des Körpers ist geschwächt und läßt Krankheitserreger durch die Eintrittspforte, die Rachenschleimhaut, passieren. Durch die altbewährte Behandlung mit pflanzlichen Gurgelmitteln kann man das Krankheitsgeschehen beeinflussen.

Gurgeln reinigt nicht nur den Mund- und Rachenraum, sondern fördert die Durchblutung der Schleimhaut und die lokale Abwehr. Damit wird eine Umstimmung des Gewebes angeregt. Die Schleime, ätherischen Öle und Gerbstoffe, die die Heilpflanzen enthalten, haben entzündungshemmende, antibakterielle und reizmildernde Eigenschaften; sie lindern die Beschwerden und verkürzen den Krankheitsverlauf.

Teemischung zum Gurgeln bei Halsschmerzen ▷ S. 112

Arnika (Arnica montana)

Verwendete Teile: Blüten
Wirkung: hilft bei Entzündungen im Mund und Rachen.
Nebenwirkung: längere Anwendung kann zu Ödemen, Ekzemen oder Bläschenbildung führen; Allergien.
Zubereitung: Aufguß, 1 TL auf 1 Tasse Wasser, 5–10 Min. ziehen lassen, dann abseihen.
Dosierung: mehrmals täglich spülen und gurgeln

Eibisch (Althaea officinalis)

Verwendete Teile: Wurzel
Wirkung: reizmildernd; hilft bei Schleimhautentzündungen und Reizhusten.
Zubereitung: Aufguß, 1 EL mit kaltem Wasser übergießen, 1 ½ Std. unter gelegentlichem Umrühren stehenlassen, dann abseihen.
Dosierung: mehrmals täglich spülen und gurgeln

Kamille (Matricaria recutita)

Verwendete Teile: Blüten

Wirkung: entzündungshemmend, antibakteriell, wundheilungsfördernd; hilft bei Haut- und Schleimhautentzündungen.

Zubereitung: Aufguß, 1 TL auf 1 Tasse Wasser, 5–10 Min. bedeckt ziehen lassen, dann abseihen.

Dosierung: mehrmals täglich spülen und gurgeln.

Odermennig (Agrimonia eupatoria)

Verwendete Teile: Kraut

Wirkung: adstringierend, entzündungshemmend; hilft bei Schleimhautentzündungen.

Zubereitung: Aufguß, 1–2 TL auf 1 Tasse Wasser, 5–10 Min. ziehen lassen, dann abseihen.

Dosierung: mehrmals täglich spülen und gurgeln.

Ringelblume (Calendula officinalis)

Verwendete Teile: Blüten

Wirkung: bei örtlicher Anwendung auf Haut und Schleimhäuten: Förderung der Wundheilung, Hemmung von Entzündungen

Zubereitung: Aufguß, 1–2 TL auf 1 Tasse Wasser, 5–10 Min. ziehen lassen, dann abseihen.

Dosierung: mehrmals täglich spülen und gurgeln.

Salbei (Salvia officinalis)

Verwendete Teile: Blätter

Wirkung: antibakteriell, adstringierend; bei Entzündungen und leichten Infekten der Rachenschleimhaut

Zubereitung: Aufguß, 1 TL auf 1 Tasse Wasser, 5–10 Min. bedeckt ziehen lassen, dann abseihen. Für Pinselungen verwendet man unverdünnte Salbeitinktur.

Dosierung: mehrmals täglich spülen und gurgeln.

Schafgarbe (Achillea millefolium)

Verwendete Teile: Kraut

Wirkung: adstringierend, antibakteriell; hilft bei Schleimhautentzündungen.

Zubereitung: Aufguß, 1 TL auf 1 Tasse Wasser, 10 Min. bedeckt ziehen lassen, dann abseihen.

Dosierung: mehrmals täglich spülen und gurgeln.

Spitzwegerich (Plantago lanceolata)

Verwendete Teile: Kraut

Wirkung: reizmildernd, adstringierend, antibakteriell; hilft bei Haut- und Schleimhautentzündungen.

Zubereitung: Aufguß, 2 TL auf 1 Tasse Wasser, 5–10 Min. ziehen lassen, dann abseihen.

Dosierung: mehrmals täglich spülen und gurgeln.

Thymian (Thymus vulgaris)

Verwendete Teile: Kraut

Wirkung: auswurffördernd, krampflösend, antibakteriell; hilft bei Halsschmerzen, Erkältungshusten und Keuchhusten.

Zubereitung: Aufguß, 1 TL auf 1 Tasse Wasser, 5–10 Min. bedeckt ziehen lassen, dann abseihen.

Dosierung: mehrmals täglich spülen und gurgeln.

Tormentill (Potentilla erecta)

Verwendete Teile: Wurzel

Wirkung: adstringierend; hilft bei nicht bakteriellen Entzündungen im Mund, Prothesendruckstellen.

Zubereitung: Aufguß, 1 TL auf 1 Tasse Wasser, 5–10 Min. ziehen lassen, dann abseihen; oder 10–20 Tropfen Tinktur in 1 Glas Wasser.

Dosierung: mehrmals täglich spülen und gurgeln.

Husten

Husten beruht auf einem krampfhaften Ausstoßen der Luft aus den Lungen. Er ist keine eigene Krankheit, sondern eine Begleiterscheinung (Symptom), die bei vielen Krankheiten auftritt. Demzufolge ist die Behandlung des Hustens so verschiedenartig wie seine Ursachen. Chronische Katarrhe (Schleimhautentzündungen) der Luftwege erfordern andere Arzneimittel als beispielsweise ein akuter Erkältungs- und Reizhusten oder ein krampfartiger Husten wie Keuchhusten. Man unterscheidet – je nach der Wirkung – vier verschiedene Arten von Heilmitteln:

- reizlindernde, schleimhautberuhigende Mittel
- auswurffördernde, schleimlösende Mittel (Expektorantien)
- krampflösende Mittel (Bronchospasmolytika)
- hustenreizstillende Mittel (Hustensedativa).

Reizlindernde, schleimhautberuhigende Mittel

Wichtig ist es bei Husten, vor allem bei trockenem Reizhusten, auf ausreichende Luftfeuchtigkeit zu achten, z. B. durch Aufstellen von Wasserschalen (besonders bei trockener Heizungsluft im Winter).

Bei akuten Erkältungskrankheiten sind die Atemwege entzündet. Die Behandlung mit schleimhaltigen Arzneipflanzenzubereitungen beruhigt die Schleimhaut und lindert deren Reizzustand. Solche Arzneipflanzen helfen auch bei Reizhusten, der durch eine Reizung der Luftwege – beispielsweise bei trockener Heizungsluft oder Belastung mit Giftstoffen – entsteht. Hier ist oft eine Kombination mit krampflösenden oder hustenreizstillenden Mitteln sinnvoll.

Auswurffördernde, schleimlösende Mittel

Teemischung gegen Husten
▷ S. 112

Im späteren Verlauf von Erkältungskrankheiten und bei chronischen Katarrhen der Atemwege kommt es zur vermehrten Produktion von Schleim, der meist zäh ist und sich dadurch in den Nebenhöhlen, Bronchien oder Lungen staut. Die Behandlung zielt darauf ab, diese Stauung zu beseitigen, indem sie den Schleim verflüssigt und damit leichter nach außen transportierbar und abhustbar macht. Wichtig ist auch hier, viel zu trinken, möglichst 2–3 l warme Flüssigkeit. Es empfehlen sich Heilpflanzen mit schleimlösenden und auswurffördernden Inhaltsstoffen (Soponinen und ätherischen Ölen).

Krampflösende Mittel

Verkrampfungen der Atemwege treten bei Keuchhusten und eventuell auch bei Reizhusten und im Verlauf einer chronischen Bronchitis auf. Zur Linderung solcher unangenehmer Beschwerden empfehlen sich krampflösende Arzneipflanzen wie beispielsweise Thymian, Efeu und Sonnentau.

Hustenreizstillende Mittel

Diese Mittel unterdrücken über das zentrale Nervensystem den Hustenreflex, der ja eigentlich einen reinigenden Heilmechanismus des Organismus darstellt, denn dadurch werden bakterienhaltiger Schleim oder Fremdkörper aus den Bronchien ausgehustet.

Der Griff zum hustenreizstillenden Mittel ist zwar am bequemsten, aber nicht immer empfehlenswert!

Die Einnahme solcher Medikamente ist daher nur angezeigt, wenn es sich um einen „unproduktiven" Reizhusten – beispielsweise bei trockener Schleimhaut oder bei entzündlichen Prozessen der Lunge – handelt. In solchen Fällen ist der Hustenreflex sinnlos und lästig, und er kann nachts den Schlaf rauben.

Keinesfalls jedoch darf ein Husten mit Verschleimung unterdrückt werden, da sich dadurch die Stauung des Schleims verstärken würde.

Pflanzliche Substanzen, die den Hustenreiz unterdrücken, sind das Codein und das Noscapin, zwei Inhaltsstoffe des Opiums. Es gibt sie nur als verschreibungspflichtige Fertigarzneimittel.

Reizhusten, akuter Erkältungshusten ohne Verschleimung

Eibisch (Althaea officinalis)

Verwendete Teile: Wurzel

Wirkung: gegen Reizhusten, Schleimhautentzündungen

Zubereitung: 1 EL mit kaltem Wasser übergießen, 1 ½ Std. gelegentlich Umrühren stehenlassen, abseihen.

Dosierung: mehrmals täglich eine Tasse

Huflattich (Tussilago farfara)

Verwendete Teile: Blätter

Wirkung: hilft bei Reizhusten, Heiserkeit, Schleimhautentzündung. ***Gegenanzeige:*** Schwangerschaft, Stillzeit, Kindesalter. Nicht in größeren Mengen und über längere Zeit trinken (leberschädigender Inhaltsstoff). ***Zubereitung:*** Aufguß, 1–2 TL auf 1 Tasse Wasser, 5–10 Min. ziehen lassen, abseihen. ***Dosierung:*** 3–4 Tassen pro Tag

Isländisch Moos (Lichen islandicus)

Verwendete Teile: Flechte

Wirkung: hilft bei Schleimhautentzündungen in Mund und Rachen, trockenem Reizhusten, Appetitmangel.

Zubereitung: Aufguß, 1–2 TL auf 1 Tasse Wasser, 5–10 Min. ziehen lassen, dann abseihen, frisch zubereitet trinken. Außerdem gibt es Lutschtabletten in der Apotheke.

Dosierung: mehrmals täglich 1 Tasse

Königskerze (Verbascum densiflorum, V. phlomoides)

Verwendete Teile: Blüten

Wirkung: auswurffördernd, reizlindernd; hilft bei Reizhusten, Schleimhautentzündungen der Atemwege.

Zubereitung: Aufguß, 2 TL auf 1 Tasse Wasser, 5–10 Min. ziehen lassen, dann abseihen.

Dosierung: 3mal täglich 1 Tasse

Spitzwegerich (Plantago lanceolata)

Verwendete Teile: Kraut

Wirkung: hilft bei Reizhusten, Entzündungen der Mund- und Rachenschleimhaut; als Tee, zum Spülen und Gurgeln und für Umschläge.

Zubereitung: Aufguß, 2 TL auf 1 Tasse Wasser, 5–10 Min. bedeckt ziehen lassen, dann abseihen.

Dosierung: 2–3 mal täglich 1 Tasse oder 1–2 EL Saft

Husten mit Verschleimung

Anis (Pimpinella anisum)

Verwendete Teile: Früchte

Wirkung: krampflösend, auswurffördernd; hilft bei Schleimhautentzündungen des Luftweges.

Zubereitung: Aufguß, 1 TL auf 1 Tasse Wasser, 5–10 Min. bedeckt ziehen lassen, dann abseihen.

Dosierung: 2–3mal täglich 1 Tasse

Efeu (Hedera helix)

Verwendete Teile: Blätter

Wirkung: auswurffördernd und krampflösend; hilft bei Bronchitis.

Zubereitung: nicht gebräuchlich; es gibt Fertigpräparate in der Apotheke.

Eukalyptus (Eucalyptus globulus)

Verwendete Teile: Blätter

Wirkung: auswurffördernd; hilft bei Erkältungskrankheiten der Atemwege. ***Gegenanzeigen:*** Erkrankungen von Magen, Darm, Gallenwegen und Leber

Zubereitung: 1. Teeaufguß: 2 TL auf 1 Tasse Wasser, 5–10 Min. bedeckt ziehen lassen, dann abseihen. 2. Eukalyptusöl zur äußeren Anwendung

Dosierung: 2–3 Tassen über den Tag verteilt trinken.

Fenchel (Foeniculum vulgare)

Verwendete Teile: Früchte

Wirkung: krampflösend, auswurffördernd; hilft bei Schleimhauterkrankungen der Atemwege.

Zubereitung: Aufguß, 1 TL auf 1 Tasse Wasser, 5–10 Min. bedeckt ziehen lassen, dann abseihen.

Dosierung: mehrmals täglich 1–2 Tassen

Königskerze (Verbascum densiflorum, V. phlomoides)

Verwendete Teile: Blüten

Wirkung: auswurffördernd, reizlindernd; hilft bei Reizhusten und Schleimhautentzündungen der Atemwege.

Zubereitung: Aufguß, 2 TL auf 1 Tasse Wasser, 5–10 Min. ziehen lassen, dann abseihen.

Dosierung: 3mal täglich 1 Tasse

Schlüsselblume (Primula veris)

Verwendete Teile: Blüten, Wurzel

Wirkung: schleimlösend, auswurffördernd

Zubereitung aus Blüten: Aufguß, 2–3 TL auf 1 Tasse Wasser, 5–10 Min. ziehen lassen, dann abseihen. ***Aus der Wurzel:*** Aufguß, ½ TL fein geschnittene Wurzel auf 2 Tassen Wasser, 5–10 Min. ziehen lassen, abseihen.

Dosierung: mehrmals täglich (alle 2–3 Std.) 1 Tasse

Süßholz (Glycyrrhiza glabra)

Verwendete Teile: Wurzel

Wirkung: schleimlösend, auswurffördernd. ***Gegenanzeige:*** Leber-, Gallenwegserkrankungen, Bluthochdruck, Schwangerschaft. Nicht länger als 4–6 Wochen ohne Arzt!

Zubereitung: Abkochung, ½ – 1 TL auf 1 Tasse Wasser, 10 Min. ziehen lassen, dann abseihen.

Dosierung: mehrmals täglich 1 Tasse (max. 6 Tassen)

Thymian (Thymus vulgaris)

Verwendete Teile: Kraut

Wirkung: auswurffördernd, krampflösend, antibakteriell; hilft bei Erkältungshusten, Keuchhusten; gutes Gurgelmittel bei Halsentzündungen.

Zubereitung: Aufguß, 1 TL auf 1 Tasse Wasser, 5–10 Min. bedeckt ziehen lassen, dann abseihen.

Dosierung: mehrmals täglich 1 Tasse

Krampfhusten, Keuchhusten

Efeu (Hedera helix)

Verwendete Teile: Blätter

Wirkung: auswurffördernd und krampflösend; hilft bei Bronchitis und Reizhusten.

Zubereitung: nicht gebräuchlich; fragen Sie nach Fertigpräparaten in Ihrer Apotheke.

Sonnentau (Drosera-Arten)

Verwendete Teile: Kraut

Wirkung: hustenreizstillend bei Krampf- , Reizhusten

Zubereitung: Aufguß, 2 TL auf 1 Tasse Wasser, 5–10 Min. ziehen lassen, dann abseihen. Alkoholische Auszüge sind wirksamer als Tee, günstig ist auch eine Kombination mit Thymian.

Dosierung: 3–4mal täglich eine Tasse

Thymian (Thymus vulgaris)

Verwendete Teile: Kraut

Wirkung: auswurffördernd, krampflösend, antibakteriell; hilft bei Halsschmerzen und Erkältungshusten, Keuchhusten; gutes Gurgelmittel bei Halsentzündungen.

Zubereitung: Aufguß, 1 TL auf 1 Tasse Wasser, 5–10 Min. bedeckt ziehen lassen, dann abseihen.

Dosierung: mehrmals täglich 1 Tasse

Bronchialasthma

Das Wort „Asthma“ stammt aus dem Griechischen und bedeutet soviel wie „erschwertes Atmen“. Den Ursachen der Atemnot entsprechend, unterscheidet man beim Asthma zwei verschiedene Arten: das Bronchialasthma, das durch Verengung der Bronchien entsteht, und das Herzasthma, das durch eine zu schwache Herzleistung ausgelöst wird.

Die Ursachen des Bronchialasthmas sind noch größtenteils unbekannt.

Asthmatische Bronchialerkrankungen treten immer häufiger auf. Man sieht in ihnen eine Reaktion des Organismus auf die zunehmende Fremdstoffbelastung aus unserer Umwelt. Doch nur in einem Fünftel der Fälle sind Allergien der Auslöser des Bronchialasthmas. Welche Mechanismen den übrigen Fällen zugrunde liegen, ist noch weitgehend unbekannt. Man weiß nur, daß die Reaktionsbereitschaft von der individuellen Konstitution – die angeboren oder auch erworben sein kann – abhängig ist.

Beim Asthmaanfall kommt es durch Verkrampfung und Verengung der Bronchien zu einer Behinderung der Atmung, und zwar vor allem des Ausatmens. Das führt zur akuten Atemnot, verbunden mit einem Verlangen, verstärkt einzuatmen. Doch das ist sinnlos, denn zuviel „verbrauchte“ (kohlendioxidreiche) Luft ist in der Lunge verblieben.

Nur eine veränderte Atemtechnik verschafft Erleichterung bei Asthmaanfällen: Ausatmen gegen einen erhöhten Druck – zum Beispiel durch Pfeifen oder Flöten – hält die Bronchien offen, erleichtert also das Ausatmen und lindert dadurch die Atemnot.

Medikamentös wird der akute Asthmaanfall mit schnell wirksamen, krampflösenden Sprays behandelt. Heilpflanzen werden hier kaum noch eingesetzt, sehr wohl eignen sie sich aber zur Intervallbehandlung, das heißt, zwischen den Asthmaanfällen, um einen erneuten Anfall zu verhüten.

Hier kommt neben dem bereits erwähnten krampflösenden Sonnentau dem Bischofskraut *(Ammi visnaga)* eine besondere Bedeutung zu. Diese Pflanze wirkt stark krampflösend auf die Bronchien und Herzkranzgefäße. (Sie hat übrigens auch eine krampflösende Wirkung auf Magen und Darm, Gallen- und Harnwege und wirkt harntreibend.) Der Hauptwirkstoff des Bischofskrauts, Khellin, wirkt, verglichen mit anderen Asthmamitteln, relativ lange und ist daher auch gut zur Verhütung nächtlicher Anfälle geeignet.

Eine weitere Pflanze, die früher zur Intervallbehandlung bei Asthma eingesetzt wurde, ist die Pestwurz. Wegen ihres Gehaltes an Pyrrolizidinalkaloiden (einem leberschädigenden Inhaltsstoff) wird sie jedoch heute nicht mehr empfohlen.

Bischofskraut (Ammi visnaga)

Verwendete Teile: Früchte

Wirkung: hilft bei krampfartigen Atemwegserkrankungen und Verengungen der Herzkranzgefäße.

Zubereitung: Aufguß, ½ TL auf 2 Tassen Wasser, 5–10 Min. ziehen lassen, dann abseihen. Empfehlenswerter sind Fertigpräparate aus der Apotheke.

Dosierung: 2–3 Tassen pro Tag

Sonnentau (Drosera-Arten)

Verwendete Teile: Kraut

Wirkung: hilft bei Krampf- und Reizhusten.

Zubereitung:: Aufguß, 2 TL auf 1 Tasse Wasser, 5–10 Min. ziehen lassen, dann abseihen. Alkoholische Auszüge sind wirksamer, günstig ist eine Kombination mit Thymian.

Dosierung: 3–4mal täglich 1 Tasse

Erkrankungen der Niere, Blase und Harnwege

Nieren-, Blasen- und Harnwegs-erkrankungen

Bei einer Blasenentzündung muß man nicht immer gleich zum Antibiotikum greifen. Leichtere Entzündungen lassen sich oft auch mit pflanzlichen Mitteln in den Griff bekommen. Außerdem beugen Heilpflanzentees der Bildung von Nieren- und Blasensteinen vor und helfen bei Prostatavergrößerung mit Beschwerden beim Wasserlassen.

Im Harn sind die festen Ausscheidungsstoffe – hauptsächlich Harnstoff und Salze – in Wasser gelöst. Nieren- und Blasensteine bilden sich, wenn diese Substanzen auskristallisieren.

Die Nieren regulieren den Salzgehalt unseres Organismus. Und sie sind neben Darm, Lunge und Haut die wichtigsten Ausscheidungsorgane für Stoffwechselschlacken. Diese werden in Harnstoff und Harnsäure umgewandelt und an das Blut abgegeben. Da ihre Ansammlung den Körper vergiften würde, werden sie von den Nieren zusammen mit anderen schädlichen Stoffen und Salzen im Harn ausgeschieden.

Von der Niere fließt der Harn durch die Harnleiter zur Blase, in der er gesammelt und dann durch die Harnröhre ausgeschieden wird. Harntreibende Arzneipflanzen erhöhen die Menge der Urinausscheidung. Dies hat auf die Nieren und Harnwege – einschließlich der Blase – eine „durchspülende“ Wirkung, durch die auch Bakterien und Sedimente (feste Bestandteile im Harn) entfernt werden. Die meisten dieser Pflanzen vermehren nur die Wasserausscheidung. Demzufolge verringert sich die Konzentration der Salze und Schlackenstoffe im Harn und damit auch die Gefahr der Steinbildung. Einige Arzneipflanzen wirken zudem krampflösend oder entzündungshemmend auf die Harnorgane.

Allerdings sind nur die wenigsten Blasen- und Nierenleiden zur Selbstbehandlung geeignet. Deshalb sollte man bei Beschwerden unbedingt den Arzt oder Heilpraktiker zu Rate ziehen, vor allem in folgenden Fällen:

Vorsicht mit der Selbstbehandlung!

- bei krampfartigen Schmerzen in der Nieren- oder Blasengegend, die von hohem Fieber begleitet sind;
- bei übermäßigem Durst und großer Müdigkeit, vor allem, bei zusätzlicher auch noch Blässe im Gesicht;
- wenn morgens beim Aufwachen die Augenlider geschwollen sind;
- bei trübem, rötlichem oder rotem Harn;
- wenn Schmerzen beim Wasserlassen auftreten.

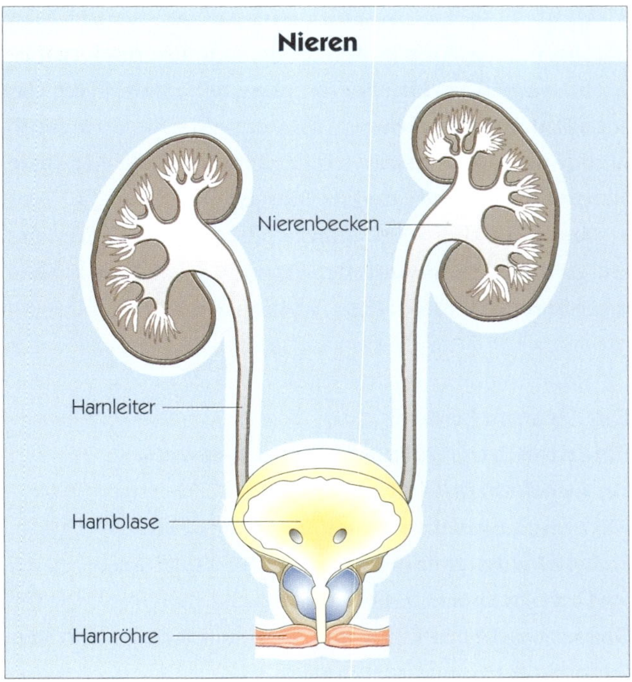

Die Harnleiter leiten den Urin von den Nieren in die Blase. Von dort wird er dann über die Harnröhre ausgeschieden.

Blasenentzündung

Die Blase ist sehr kälteempfindlich. Besonders Frauen reagieren auf Unterkühlung leicht mit einer Blasenentzündung. Sie kündigt sich durch häufiges, oft schmerzhaftes Wasserlassen mit geringer Urinmenge an.

Da die von der Niere kommenden Harnleiter in die Blase münden, birgt jede bakterielle Entzündung der Blase die Gefahr in sich, daß die Bakterien zur Niere aufsteigen. Um dies möglichst ohne Antiobiotikagaben verhindern zu können, muß man gleich bei den ersten Anzeichen einer Entzündung viel Flüssigkeit – am besten harntreibende, eventuell desinfizierende Tees – trinken.

Wassertreibende Teemischung und Teemischung gegen Blasen- und Nierenbeschwerden ▷ S. 112/113

Tritt nach einigen Tagen keine Besserung ein oder verschlechtert sich das Befinden, muß man einen Mediziner zu Rate ziehen.

Bettruhe und Wärme sind bei einer Blasenentzündung sehr wichtig.

Harnwegsdesinfizierend wirken die Blätter der Bärentraube, jedoch muß man dazu den normalerweise leicht sauren Urin alkalisieren, denn die Inhaltsstoffe dieser Pflanze wirken nur in alkalischem Milieu. Deshalb nimmt man *gleichzeitig* mit dem Tee eine Messerspitze Natriumhydrogencarbonat (Natron) ein.

Außerdem gibt es „durchspülende" Heilpflanzen, die zu einer Steigerung der Harnmenge führen. Dabei muß man viel Flüssigkeit trinken (mindestens 2–3 l pro Tag).

Zur Desinfektion

Bärentraube (Arctostaphylos uva-ursi)

Verwendete Teile: Blätter

Wirkung: antibakteriell im alkalischen Harn

Zubereitung: Aufguß, 1–2 TL auf 1 Tasse Wasser, 5–10 Min. ziehen lassen, dann abseihen.

Dosierung: 3mal täglich eine Tasse jeweils mit 1 Messerspitze Natron einnehmen.

Zur Durchspültherapie

Birkenblätter (Betula pendula, B. pubescens)

Verwendete Teile: Blätter

Wirkung: harntreibend; hilft bei Entzündungen der Harnwege und Nierengrieß.

Zubereitung: Aufguß, 1 TL auf 1 Tasse Wasser, 5–10 Min. ziehen lassen, dann abseihen.

Dosierung: mehrmals täglich 1 Tasse

Brennesselkraut (Urtica dioica)

Verwendete Teile: Kraut, Blätter

Wirkung: harntreibend; bei Entzündungen der Harnwege und vorbeugend bei Nierengrieß.

Zubereitung: 1. Teeaufguß: 2 TL auf 1 Tasse Wasser, 5–10 Min. ziehen lassen, dann abseihen; 2. Preßsaft

Dosierung: mehrmals täglich 1 Tasse Tee oder 3mal täglich 1 EL Saft

Goldrute (Solidago vigaurea)

Verwendete Teile: Kraut

Wirkung: harntreibend, entzündungshemmend und krampflösend; bei Entzündungen der Harnwege, Nierengrieß.

Zubereitung: Aufguß, 1–2 TL auf 1 Tasse Wasser, 5–10 Min. ziehen lassen, dann abseihen.

Dosierung: mehrmals täglich 1 Tasse

Hauhechel (Ononis spinosa)

Verwendete Teile: Wurzel

Wirkung: harntreibend; hilft bei Entzündungen der Harnwege, Nierengrieß.

Zubereitung: Aufguß, 1 TL auf 1 Tasse Wasser, 5–10 Min. ziehen lassen, dann abseihen.

Dosierung: mehrmals täglich 1 Tasse

Löwenzahn (Taraxacum officinale)

Verwendete Teile: Wurzel und Kraut

Wirkung: harntreibend; hilft bei Entzündungen der Harnwege, Verdauungsbeschwerden. ***Gegenanzeige:*** Verschluß der Gallenwege, Gallensteine

Zubereitung: Abkochung, 2 TL auf 1 Tasse Wasser, 10 Min. ziehen lassen, dann abseihen.

Dosierung: mehrmals täglich 1 Tasse

Orthosiphon (Orthosiphon spicatus)

Verwendete Teile: Blätter

Wirkung: harntreibend; hilft bei Entzündungen der Harnwege, Nierengrieß.

Zubereitung: Aufguß, 2–3 TL auf 1 Tasse Wasser, 5–10 Min. ziehen lassen, dann abseihen.

Dosierung: mehrmals täglich 1 Tasse

Schachtelhalm (Equisetum arvense)

Verwendete Teile: Kraut

Wirkung: harntreibend; hilft bei Entzündungen der Harnwege, Nierengrieß.

Zubereitung: Aufguß, 2–3 TL auf 1 Tasse Wasser, 5–10 Min. ziehen lassen, dann abseihen.

Dosierung: mehrmals täglich 1 Tasse

Wacholder (Juniperus communis)

Verwendete Teile: Beeren

Wirkung: harntreibend; hilft bei Entzündungen der Harnwege. ***Hinweis:*** Wegen der nierenreizenden Wirkung nicht über einen längeren Zeitraum einnehmen!

Zubereitung: Aufguß, 1 TL auf 1 Tasse Wasser, 5–10 Min. ziehen lassen, dann abseihen.

Dosierung: 3mal täglich 1 Tasse

Nieren- und Blasensteine

Nierensteine sind feste Gebilde aus verschiedenen Salzen. Als Nierengrieß können sie ohne Schwierigkeiten durch die Harnwege abgehen, jedoch bleiben größere Steine meist im Nierenbecken liegen.

Solange sie sich im Nierenbecken befinden, verursachen sie keine Beschwerden. Die sehr schmerzhaften Koliken entstehen erst dann, wenn sich ein Stein in den Harnwegen einklemmt. Glücklicherweise lösen solche Steine sich in vielen Fällen spontan von selbst – oft hilft dabei ein heißes Bad.

Das beste Mittel zur Verhütung erneuter Steinbildung ist das „Durchspülen" mit harntreibenden Tees. Beachten Sie jedoch, daß eine solche Durchspültherapie bei Wasseransammlungen (Ödemen), die auf eine eingeschränkte Herz- und Nierentätigkeit zurückzuführen sind, nicht angewendet werden darf. Auch bei chronischen Nierenerkrankungen sollten durchspülende Blasen- und Nierentees nur nach Rücksprache mit dem Arzt oder Heilpraktiker getrunken werden.

Mit der forcierten Wasserausscheidung werden Grieß und steinbildende Stoffe ausgespült, und der Harn wird verdünnt.

Ist ein Stein bei einer Kolik nicht abgegangen, so können Sie es – in Abstimmung mit Ihrem Arzt – ruhig auch einmal mit morgendlichen „Wasserstößen" versuchen. Zu diesem Zweck trinkt man morgens nüchtern innerhalb einer Viertelstunde anderthalb Liter dünnen Tee mit durchspülender Wirkung. Die daraufhin einsetzende Harnflut soll den Stein lockern und ihn durch die Harnwege nach draußen befördern. Zur Kontrolle, ob der Stein auch wirklich abgegangen ist, fängt man den Urin anschließend am besten in einem Glas auf oder uriniert durch ein Teesieb.

Harntreibende Tees zur „Durchspültherapie": Birkenblätter, Brennesselkraut, Goldrute, Hauhechel, Löwenzahn, Orthosiphon, Schachtelhalm, Wacholder (▷ S.77)

Prostatavergrößerung mit Beschwerden beim Wasserlassen

Ab dem 60.Lebensjahr entwickelt sich bei etwa 50 Prozent aller Männer eine gutartige Prostatavergrößerung. Durch die Größenzunahme der Prostata wird die Harnröhre eingeengt. Dies führt zu verschiedenartigen Beschwerden beim Wasserlassen. Sie reichen vom häufigen Wasserlassen und verringertem Urinstrahl bis zum Harnverhalten.

Die Behandlung erfolgt überwiegend mit pflanzlichen Mitteln, von denen bisher - im Gegensatz zu Hormonen oder synthetischen Prostatamitteln - keine uner-

Die vergrößerte Prostata engt die Harnröhre ein, so daß sich Restharn in der Blase bildet. Bei starker Prostatavergrößerung kann der Patient gar kein Wasser mehr lassen, und es kommt zu einem ständigen Harntröpfeln.

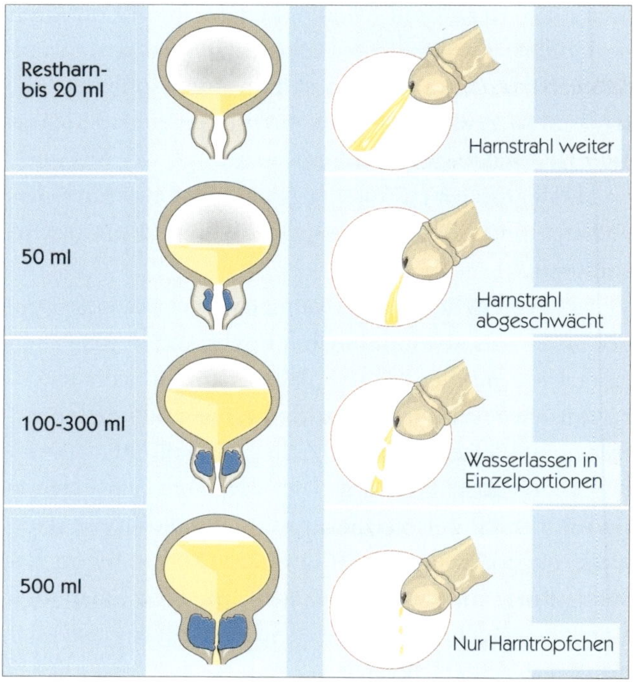

wünschten Nebenwirkungen bekannt sind. Extrakte aus Sägepalmenfrüchten, Brennesselwurzel und Kürbiskernen führen zu einem Rückgang der Beschwerden.

Allerdings sollte man sich bei solchen Beschwerden nicht ohne vorherige Diagnose selbst mit diesen Heilpflanzen therapieren, denn auch bösartige Tumoren der Prostata können sich durch solche (anfangs schmerzfreie) Beschwerden äußern.

Brennesselwurzel (Urtica dioica)

Verwendete Teile: Wurzel
Anwendungsgebiete: Prostatavergrößerung
Zubereitung: Aufguß, 1 TL auf 1 Tasse Wasser, 5–10 Min. ziehen lassen, dann abseihen.
Dosierung: mehrmals täglich 1 Tasse

Kürbiskerne (Cucurbita pepo)

Verwendete Teile: Samen
Wirkung: hilft gegen Reizblase und Beschwerden bei Prostatavergrößerung.
Zubereitung: nicht möglich; es werden Samen oder Fertigpräparate eingenommen.
Dosierung: 2 EL Samen gut zerkauen.

Sägepalmenfrüchte (Serenoa repens, früher: Sabal serrulata)

Verwendete Teile: Früchte
Wirkung: hilft bei Reizblase und Beschwerden bei Prostatavergrößerung.
Zubereitung: nicht üblich; Fertigpräparate sind in der Apotheke erhältlich.

Herz-, Kreislauf- und Nervenleiden

Herz, Kreislauf, Nerven

Herz- und Kreislaufbeschwerden, Nervosität, Schlafstörungen, Leistungsschwäche – es gibt kaum jemanden, der nicht hin und wieder unter solchen Beschwerden leidet. Die Ursache ist häufig Streß und eine ungesunde, bewegungsarme, „sitzende" Lebensweise. Vor allem im Alter lassen Spannkraft und Belastbarkeit nach. Auch hier können Heilpflanzen oft helfen.

Das Herz ist der Motor unseres Blutkreislaufs, über den jede einzelne Körperzelle mit Nährstoffen und Sauerstoff versorgt und von Abfallstoffen befreit wird. Die rechte Herzhälfte „schickt" das Blut zur Sauerstoffbeladung durch die Lungen und dann zum linken Herzen, das das nunmehr sauerstoffreiche Blut weiter durch den ganzen Körper pumpt.

Der gesunde Herzmuskel eines ruhenden Erwachsenen schlägt etwa 70mal pro Minute und fördert dabei 5 l Blut. Bei Bewegung benötigt der Körper in der gleichen Zeitspanne mehr Blut, um alle Zellen ausreichend zu versorgen. Das untrainierte Herz bewältigt dies, indem es schneller schlägt. Mit zunehmendem körperlichem Training aber wird der Herzmuskel kräftiger und fördert ein größeres Blutvolumen pro Schlag. Erst wenn dies nicht mehr ausreicht, erhöht sich die Pulsfrequenz. Deshalb ist körperliche Aktivität so wichtig für unser Herz und unseren Kreislauf.

Mit steigender Herzschlagfrequenz wird die Blutversorgung des Herzens schwieriger, denn nur in den Pausen zwischen den einzelnen Herzschlägen füllen sich die Herzkranzgefäße.

Aber im heutigen Berufsleben bleibt oft wenig Gelegenheit für körperliche Betätigung; die meisten Menschen verbringen ihren Arbeitsalltag sitzend am Schreibtisch. Streß und Leistungsdruck und vielfach auch eine ungesunde Ernährung kommen dazu. Und so haben Herz- und Kreislauferkrankungen in diesem Jahrhundert rapide zugenommen.

Die Erkrankungen von Herz und Kreislauf sind sehr vielfältig. Sie sollten *in jedem Fall* auf Ursachen und möglichen Krankheitsverlauf von einem Arzt abgeklärt und in den meisten Fällen auch durch ihn behandelt werden. Nur einige Herz- und Kreislaufbeschwerden eignen sich zur Selbstbehandlung mit Heilpflanzen: nämlich das sogenannte Altersherz (leichte Herzschwäche), Durchblutungsstörungen und Krampfadern.

Anders sieht es bei Beschwerden des Nervensystems aus. Hier gibt es sehr viele Probleme, die durch Arzneipflanzen gelindert oder sogar völlig behoben werden können. Bei schweren psychischen Erkrankungen kann man mit Heilpflanzen natürlich in der Regel nichts ausrichten; sie gehören in die Behandlung eines Therapeuten. Aber leichtere nervöse Störungen – beispielsweise Unruhe- und Angstzustände, Schlafstörungen und depressive Verstimmungen – lassen sich mit pflanzlichen Zubereitungen durchaus erfolgreich behandeln.

Bei nervlichen Beschwerden wie Schlafproblemen, Angstzuständen, Nervosität und depressiven Verstimmungen kann man mit Heilpflanzen viel ausrichten.

Arzneipflanzen mit Wirkung auf das Nervensystem

Nervosität	Schlafstörungen	Angst	Depression
Baldrian	Baldrian	Baldrian	
Hopfen	Hopfen		
Johanniskraut		Johanniskraut	Johanniskraut
Kava-Kava		Kava-Kava	Kava-Kava
Lavendel	Lavendel		
Melisse	Melisse		
Passionsblume	Passionsblume		

Herzschwäche

Digitalisglykoside bleiben lange im Körper, so daß die Gefahr ihrer Anhäufung und daraus resultierender Nebenwirkungen besteht, wenn ihre Dosierung nicht durch einen erfahrenen Praktiker eingestellt wird.

Von einer nachlassenden oder mangelnden Herzleistung (Herzschwäche, Herzinsuffizienz) spricht man, wenn die Pumpleistung des Herzens nicht genügt, um den Körper ausreichend mit Blut zu versorgen. Sie tritt in verschiedenen Schweregraden auf, vom leichten Anfangsstadium, bei dem Symptome wie Herzrasen und Kurzatmigkeit nur bei erheblicher körperlicher Belastung auftreten, bis hin zur starken Leistungseinschränkung des Herzens, bei der diese Beschwerden schon in Ruhe vorhanden sind. In der Folge kommt es durch Blut- und Lymphstauung zu geschwollenen Beinen oder zur Wasseransammlung in der Lunge.

Die Behandlung zielt darauf, die Muskelkraft des Herzens zu stärken, die Schlagfrequenz zu senken und seine Sauerstoffversorgung und Durchblutung zu verbessern. Es gibt pflanzliche Substanzen, die normalisierend auf die geschwächte Herzfunktion wirken. Die bekanntesten pflanzlichen Herzmittel sind die Digitalisglykoside, Inhaltsstoffe des Roten und des Wolligen Fingerhutes. Sie sind allerdings starke Herzmittel und gehören unbedingt in die Hand des Arztes.

Daneben gibt es Pflanzen mit „digitalisähnlichen Glykosiden“: Maiglöckchen, Meerzwiebel und Adoniskraut. Extrakte aus diesen Pflanzen sind schwächer und weniger toxisch und werden seit langem bei leichter Herzschwäche eingesetzt. Heute werden leichte Formen der Herzschwäche und des „Altersherzens“ jedoch meist mit Extrakten aus Weißdornblättern behandelt, die auch bei langfristiger Anwendung weitgehend nebenwirkungsfrei sind. Weißdornpräparate steigern die Herzkraft und die Durchblutung der Kranzgefäße und wirken regulierend auf den Blutdruck. (Erhöhter Blutdruck kann sinken und niedriger Blutdruck ansteigen.)

Adoniskraut (Adonis vernalis)

Verwendete Teile: Kraut

Wirkung: Steigerung der Kontraktionskraft des Herzens; hilft bei leichter Herzschwäche.

Zubereitung: nicht möglich; Fertigpräparate (Kombinationspräparate mit anderen Digitaloidpflanzen und/ oder Weißdorn) gibt es in der Apotheke.

Maiglöckchen (Convallaria majalis)

Verwendete Teile: Kraut

Wirkung: Steigerung der Kontraktionskraft des Herzens; hilft bei leichter Herzschwäche.

Zubereitung: nicht möglich; Fertigpräparate gibt es in der Apotheke.

Meerzwiebel (Urginea maritima)

Verwendete Teile: Zwiebel

Wirkung: Steigerung der Kontraktionskraft des Herzens; hilft bei leichter Herzschwäche.

Zubereitung: nicht möglich; fragen Sie nach Fertigpräparaten in der Apotheke.

Weißdorn (Crataegus-Arten)

Verwendete Teile: Blätter mit Blüten

Wirkung: steigert Herzleistung und Durchblutung der Herzkranzgefäße; hilft bei leichter Herzschwäche.

Zubereitung: Aufguß, 1 TL auf 1 Tasse Wasser, 5–10 Min. ziehen lassen, dann abseihen.

Dosierung: täglich 3–4 Tassen, kurmäßig über mehrere Wochen.

Durchblutungsstörungen

Zur Behandlung von Durchblutungsstörungen gehört in der Regel eine Änderung der Lebensgewohnheiten. Sinnvoll ist alles, was den Blutfluß beschleunigt: mehr Bewegung, Senkung erhöhter Blutfette durch Änderung der Ernährung und der Verzicht auf die Zigarette.

Unterstützend wirken Gingkopräparate. Sie machen das Blut dünnflüssiger und erhöhen seine Strömungsgeschwindigkeit. Gedächtnisschwäche, Schwindel und Ohrgeräusche, die oft durch mangelnde Durchblutung entstehen, werden günstig beeinflußt.

Knoblauch senkt den arteriellen Blutdruck, die Cholesterinkonzentration und macht das Blut dünnflüssiger. Abhängig vom Schweregrad der Störungen müssen über einen Zeitraum von einem bis zu mehreren Monaten täglich mindestens drei Knoblauchzehen gegessen werden.

Ginkgo (Ginkgo biloba)

Verwendete Teile: Blätter

Wirkung: durchblutungsfördernd, Senkung der Blutviskosität

Zubereitung: nicht üblich; fragen Sie nach Fertigpräparaten in Ihrer Apotheke.

Knoblauch (Allium sativum)

Verwendete Teile: Zwiebel

Wirkung: cholesterinsenkend; verbessert die Fließeigenschaften des Blutes, hemmt die Entwicklung von Bakterien und Pilzen; hilft bei Durchblutungsstörungen.

Dosierung: 4 g frische Zehen pro Tag oder entsprechende Zubereitungen.

Krampfadern, Hämorrhoiden

Durch Blutstauungen entstehen bei Veranlagung zur Venenschwäche stark erweiterte, oft geschlängelte und knotig veränderte Venen (Krampfadern). Sie treten bevorzugt in den oberflächlichen Beinvenen auf, in denen das Blut auf dem Rückweg zum Herzen gegen die Schwerkraft ankämpfen muß. Faktoren, die Krampfadern begünstigen, sind Bewegungsmangel, Pille (Venenerweiterung), beengende Kleidung (Stauung) und zunehmendes Alter (Elastizitätsverlust). Auch die Ernährung (ballaststoffarme Kost, Übergewicht) hat entscheidenden Einfluß. Im Bereich des Afters können sich – besonders bei verstärktem Pressen – ebenfalls Venen erweitern, was zu Hämorrhoiden führt.

Ein weiterer wesentlicher Faktor ist die familiäre, also vererbbare Anlage zur Venenschwäche. Krampfadern können zu Ödemen (Wasseransammlungen im Gewebe) führen. Außerdem besteht durch den Stau in den Venen auch eine erhöhte Entzündungsbereitschaft mit Thrombosegefahr. Die Therapie besteht in erster Linie in physikalischen Maßnahmen (Kompressionsbehandlung, Wasseranwendungen, Bewegungstraining, Ernährungsumstellung). Unterstützend wirkt die Behandlung mit Pflanzenpräparaten. Diese „Venenmittel" können die Krampfadern nicht beseitigen, wohl aber vor Ödemen und Entzündungen schützen.

Die Venenmittel auf dem Markt sind von sehr unterschiedlicher Qualität; nur ein Teil enthält die vor Ödemen schützenden Substanzen in ausreichender Dosierung. Fragen Sie Ihren Arzt oder Heilpraktiker. Umstritten ist die Anwendung von Venensalben, da fraglich ist, ob die Wirkstoffe über die Haut weit genug eindringen. In der Praxis hat sich kombinierte innerliche und äußerliche Anwendung bewährt.

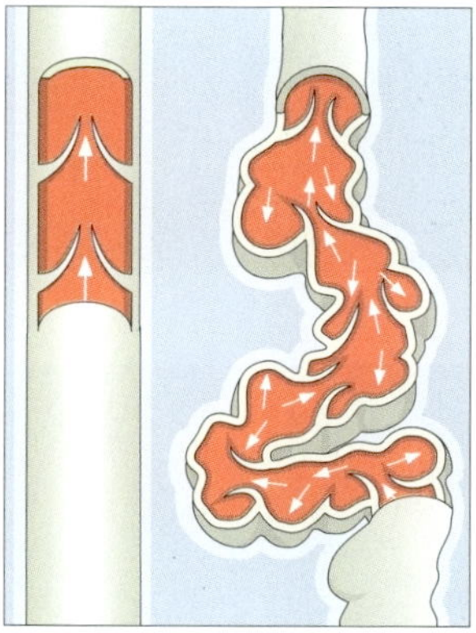

So strömt das Blut in der gesunden Vene (links) im Vergleich zur Krampfader (rechts).

Mäusedorn (Ruscus aesculentus)

Verwendete Teile: Wurzelstock

Wirkung: kapillarabdichtend, hilft bei Venenschwäche, nächtlichen Wadenkrämpfen, Hämorrhoiden.

Zubereitung: Extrakte zum Einnehmen

Virginische Zaubernuß (Hamamelis virginiana)

Verwendete Teile: Blätter, Rinde

Wirkung: hilft bei Krampfaderbeschwerden.

Zubereitung: Aufguß, 1 TL auf 1 Tasse Wasser, 5–10 Min. ziehen lassen, dann abseihen.

Dosierung: für Umschläge (äußere Anwendung) Mullkompressen mit dem Teeaufguß oder Hamameliswasser tränken und auf die betroffenen Stellen auflegen.

Roßkastanie (Aesculus hippocastanum)

Verwendete Teile: Samen

Wirkung: wird innerlich und äußerlich bei Krampfadern und Beschwerden durch Venenschwäche (Ödemen, Wadenkrämpfen, Juckreiz sowie Schmerzen und Schweregefühl in den Beinen) angewandt.

Zubereitung: nicht üblich; es gibt Fertigpräparate.

Steinklee (Melilotus officinalis)

Verwendete Teile: Kraut

Wirkung: innerlich und äußerlich bei Krampfadern, Beschwerden durch Venenschwäche (Ödemen, Wadenkrämpfen, Juckreiz, Schmerzen und Schweregefühl in den Beinen); äußerlich bei Geschwüren, Hämorrhoiden

Zubereitung: Teeaufguß, 1 TL auf 1 Tasse Wasser, 5–10 Min. ziehen lassen, dann abseihen.

Dosierung: innerlich: 2–3 Tassen täglich; äußerlich: Für Umschläge Mullkompressen mit dem Tee tränken; für Breiumschläge Teeaufguß nicht abseihen, sondern in ein Mullsäckchen geben und auflegen.

Nervosität, Schlafstörungen, Depressionen, Angstzustände

Unruhe- und Angstzustände, Schlafprobleme und depressive Verstimmungen können mit pflanzlichen Zubereitungen aus Baldrian, Hopfen, Melisse, Lavendel, Passionsblume, Kava-Kava und Johanniskraut erfolgreich behandelt werden. Der Vorteil dieser pflanzlichen Mittel gegenüber den chemischen Schlaf- und Beruhigungspräparaten liegt darin, daß sie nicht zur Abhängigkeit führen. Sie erzwingen den Schlaf auch nicht und verändern nicht seine natürlichen Phasen, wie es die chemischen Präparate tun und wodurch der Schlaf dann weniger erholsam ist. Die beruhigend wirkenden Arzneipflanzen fördern vielmehr die Entspannung und somit die Schlafbereitschaft.

Die Einnahme der pflanzlichen Wirkstoffe ist besonders als Tee zu empfehlen: Seine Zubereitung soll möglichst zu einer „Schlafzeremonie" werden, die oft neben der Wirksamkeit der Arzneipflanze zur Harmonisierung des Schlafes beiträgt.

Die wichtigste beruhigend wirkende Heilpflanze aus unserem Kulturkreis ist der Baldrian. Obwohl bis heute nicht geklärt werden konnte, wie Baldrian wirkt und welche Inhaltsstoffe dafür verantwortlich sind, ist aus der Erfahrungsheilkunde unbestritten, daß er wirkt. Ähnlich steht es mit dem Hopfen: Auch bei ihm ist das Wirkprinzip bis heute nicht genau bekannt. Doch die Erfahrungen sprechen für sich: Hopfen ist Bestandteil des Bieres, dessen beruhigende Wirkung nicht allein auf den Alkoholgehalt zurückzuführen ist.

Nerventeemischung
▷ S. 113

Kava-Kava, der Wurzelstock des Rauschpfeffers, hat neben der beruhigenden auch noch eine angstlösende und antriebssteigernde Wirkung. Kava-Kava stammt von den Südseeinseln, deren Bewohner aus der zerkauten oder zerstampften Wurzel ein leicht berauschendes Getränk bereiten. Sein Genuß ruft Gefühle von Sorglosigkeit, Wohlbefinden und Zufriedenheit hervor.

Als Wunderpflanze oder Zauberkraut wurde das Johanniskraut im Altertum bezeichnet. Seine regelmäßige Einnahme über einen längeren Zeitraum führt zu einer deutlichen Aufhellung depressiver Verstimmungen. Neuere Studien zeigen, daß die Wirksamkeit dieser Arzneipflanze durchaus mit der chemischer Antidepressiva vergleichbar ist, ohne jedoch deren Nebenwirkungen zu haben. Die Wirkung zeigt sich allerdings erst nach längerer Einnahme, ungefähr zwei bis drei Wochen nach Behandlungsbeginn.

Baldrian (Valeriana officinalis)

Verwendete Teile: Wurzel

Wirkung: beruhigend, Schlafbereitschaft fördernd; hilft bei Nervosität und Angstzuständen.

Zubereitung: Aufguß, 2 TL auf 1 Tasse Wasser, 5–10 Min. ziehen lassen, dann abseihen.

Dosierung: mehrmals täglich 1 Tasse; bei Baldriantinktur mindestens ½ TL

Hopfen (Humulus lupulus)

Verwendete Teile: Zapfen (Fruchtstände)

Wirkung:: beruhigend, schlaffördernd; hilft bei Nervosität. Kombinationen mit anderen beruhigend wirkenden Heilpflanzen können sinnvoll sein.

Zubereitung: Aufguß, 1 TL auf 1 Tasse Wasser, 5–10 Min. bedeckt ziehen lassen, dann abseihen.

Dosierung: mittags und abends 1 Tasse

Johanniskraut (Hypericum perforatum)

Verwendete Teile: Kraut

Wirkung: gegen Nervosität, Angst; wirkt antidepressiv.

Nebenwirkung: Lichtüberempfindlichkeit der Haut (selten).

Zubereitung: Aufguß, 1 TL auf 1 Tasse Wasser, 5–10 Min. ziehen lassen, dann abseihen.

Dosierung: 2–3mal täglich 1 Tasse

Kava-Kava (Piper methysticum)

Verwendete Teile: Wurzelstock

Wirkung: angstlösend, beruhigend, muskelentspannend, antriebssteigernd; hilft bei Nervosität, Spannungs- und Unruhezuständen.

Zubereitung: wenig üblich; es gibt Fertigpräparate in der Apotheke.

Lavendel (Lavandula angustifolia)

Verwendete Teile: Kraut

Wirkung: gegen Einschlafstörungen, Unruhezustände

Zubereitung: 1. Teeaufguß: 2 TL auf 1 Tasse Wasser, 5–10 Min. bedeckt ziehen lassen, dann abseihen. 2. Badezusatz: 100 g mit 2 l heißem Wasser überbrühen, 5 bis 10 Min. ziehen lassen, abseihen, ins Badewasser geben.

Dosierung: abends 1–2 Tassen Tee

Melisse (Melissa officinalis)

Verwendete Teile: Blätter

Wirkung: beruhigend, anregend auf die Produktion der Verdauungssäfte; hilft bei nervösen Magenbeschwerden und nervös bedingten Einschlafstörungen.

Zubereitung: Aufguß, 2 TL auf 1 Tasse Wasser, 5–10 Min. bedeckt ziehen lassen, dann abseihen.

Dosierung: mehrmals täglich 1 Tasse

Passionsblume (Passiflora incarnata)

Verwendete Teile: Kraut

Wirkung: beruhigend, krampflösend; hilft bei nervöser Unruhe.

Zubereitung: Aufguß, 1 TL auf 1 Tasse Wasser, 5–10 Min. ziehen lassen, dann abseihen.

Dosierung: mehrmals täglich 1 Tasse

Geistige und körperliche Ermüdung

Bei geistiger und körperlicher Ermüdung werden vor allem koffeinhaltige Drogen wie Kaffee, Tee, Cola und Mate als Anregungsmittel verwendet, denn Koffein – in Maßen zu sich genommen – hat eine angenehm stimulierende Wirkung auf Nervensystem und Kreislauf. Matetee – in Südamerika ein Nationalgetränk – erfreut sich wegen seines angenehmen, herb-erfrischenden Aromas inzwischen auch bei uns großer Beliebtheit; es gibt ihn auch aromatisiert in verschiedenen Geschmacksrichtungen.

Ginseng hilft bei (vor allem altersbedingter) Konzentrations- und Leistungsschwäche und Wechseljahrsbeschwerden (Hitzewallungen).

Allgemein bekannt ist auch die anregende Wirkung des Ginsengs. Unter seinem Einfluß werden Konzentrationsschwäche und Depressionszustände günstig beeinflußt und die Leistungsfähigkeit gesteigert. Ginseng hilft, wenn im Alter die Spannkraft nachläßt. Aus der Erfahrungsheilkunde ist außerdem bekannt, daß bei Einnahme von Ginseng die lästigen Hitzewallungen der Wechseljahre verschwinden; allerdings muß er dazu schon kurmäßig über einen längeren Zeitraum hinweg eingenommen werden.

Darüber hinaus werden dem Ginseng noch viele Wunderwirkungen bei verschiedenen Krankheiten nachgesagt – dies ist aber sicherlich eine Überschätzung der Heilpflanze. In der traditionellen chinesischen Medizin wird die Wurzel bei Schwäche, Schlaflosigkeit, Schwindel, Ohrensausen und Blutarmut verwendet.

Eine weitere koffeinhaltige Droge ist Guarana. Sie wird aus den gerösteten Samen eines im Amazonasgebiet heimischen Kletterstrauchs gewonnen. Diese Droge, die schon die Indios anbauten, hat einen hohen Koffeingehalt (4 bis 8 Prozent). In der Apotheke sind verschiedene Fertigpräparate erhältlich, die Guarana enthalten.

Ginseng (Panax ginseng)

Verwendete Teile: Wurzel
Wirkung: allgemein kräftigend und anregend; bei körperlichen und seelischen Belastungen und körperlicher und geistiger Erschöpfung; vorsorglich in höherem Lebensalter zur Vermeidung von Herz- und klimakterischen Beschwerden.
Zubereitung: Ginsengextrakte werden in allen möglichen Arzneiformen angeboten.
Dosierung: Präparate mit einer Dosierung wählen, bei der man eine Tagesdosis erreicht, die den Extraktivstoffen von 1–2 g Ginsengwurzel entspricht.

Kolabaum (Cola nitida, C. acuminata)

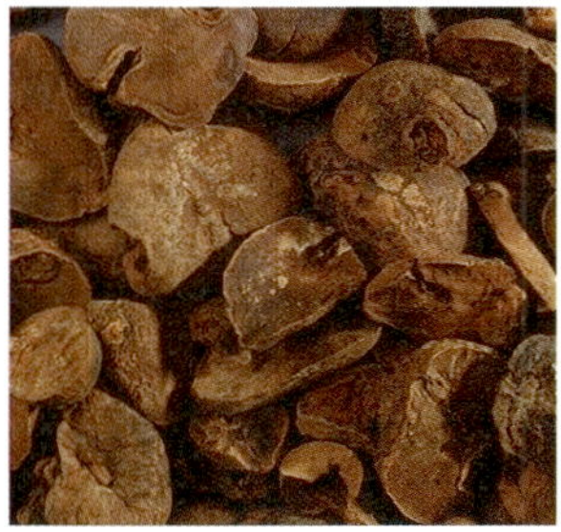

Verwendete Teile: Samen
Wirkung: anregend, harntreibend
Anwendungsgebiete: geistige und körperliche Ermüdung
Zubereitung: Fragen Sie nach Fertigpräparaten in Ihrer Apotheke.

Mate (Ilex paraguariensis)

Verwendete Teile: Blätter
Wirkung: anregend, harntreibend; hilft bei geistiger und körperlicher Ermüdung.
Zubereitung: Aufguß, 1 TL auf 1 Tasse Wasser, 5–10 Min. ziehen lassen, dann abseihen.
Dosierung: 2–3 Tassen täglich

Frauenbeschwerden

Menstruations- und Wechseljahrsbeschwerden

Kopfschmerzen, Migräne, Gereiztheit und Depressionen vor der Regel, krampfartige Unterleibsschmerzen während der Menstruation, fliegende Hitzen, Schwindelanfälle und Schlafstörungen in den Wechseljahren – beinahe endlos ist die Liste der „Frauenleiden", die mit der monatlichen Regelblutung zusammenhängen und oft sehr unangenehm sind. Hier können Heilpflanzen häufig Linderung verschaffen.

Von der Pubertät bis zu den Wechseljahren reift bei der Frau im Rhythmus von ungefähr 28 Tagen in einem der beiden Eierstöcke ein Ei heran. Dieser weibliche Zyklus ist ein sehr komplexes Geschehen, das von verschiedenen Hormonen gesteuert wird.

In der ersten Zyklushälfte kommt es unter dem Einfluß eines Hormons (FSH) der Hirnanhangdrüse zur Reifung eines Eis und zur vermehrten Produktion von Östrogenen. Diese Östrogene fördern den Aufbau der Gebärmutterschleimhaut und bereiten sie damit auf die Einnistung eines befruchteten Eis vor.

Ein anderes Hormon (LH) der Hirnanhangdrüse löst in der Mitte des Zyklus den Eisprung aus: Nun wird die Eizelle mit etwas Gewebswasser in die Trichteröffnung des Eileiters gespült. Einige Frauen empfinden zu diesem Zeitpunkt ein leichtes Ziehen im Unterleib (den sogenannten Mittelschmerz), außerdem kann es zu klarem, wäßrigem Ausfluß kommen, da sich jetzt der zähe Schleim verflüssigt, der normalerweise die Gebärmutter verschließt.

Der Weg der Eizelle durch den Eileiter zur Gebärmutter dauert etwa vier Tage; in dieser Zeit kann sie befruchtet werden.

Die nun folgende Zeitspanne steht vor allem unter dem Einfluß des Gelbkörperhormons Progesteron. Dieses Hormon sorgt für eine gut durchblutete und mit Nährstoffen versorgte Gebärmutterschleimhaut und verhindert vorzeitige Wehen.

Wird die Eizelle nicht befruchtet, so kommt es zehn bis vierzehn Tage nach dem Eisprung zum Progesteronabfall, zur Ablösung der Schleimhaut und zur Regelblutung.

Arzneipflanzen werden in der Frauenheilkunde hauptsächlich bei Beschwerden eingesetzt, die mit diesem Zyklusgeschehen im Zusammenhang stehen, wie zum Beispiel krampfartige Schmerzen während der Regelblutung oder Beschwerden vor der Regel, die von Kopfschmerzen und Depressionen bis hin zu einem schmerzhaften Spannungsgefühl der Brüste reichen können (sogenanntes prämenstruelles Syndrom, kurz PMS). Auch Beschwerden während der Wechseljahre können durch Heilpflanzen gelindert werden.

Viele Frauen leiden unter Schmerzen, Nervosität und depressiven Verstimmungen vor und während der Regelblutung.

Diese Unpäßlichkeiten, die meist durch die hormonellen Veränderungen im Körper ausgelöst werden, sind zwar nicht gefährlich, sondern in der Regel völlig harmlos: Sie sind Begleiterscheinungen eines ganz natürlichen Geschehens. Allerdings können sie äußerst unangenehm sein und das Leben manchmal sogar zur Qual werden lassen.

Menstruations- und Wechseljahrsbeschwerden sind meist harmlos, können aber sehr lästig sein.

Wer unter solchen Beschwerden leidet, der sollte es auf jeden Fall einmal mit den auf den folgenden Seiten vorgestellten Heilpflanzen versuchen. Es lohnt sich, denn sie können die Behandlung mit Medikamenten unterstützend begleiten und manchmal sogar völlig ersetzen.

Beschwerden vor der Regel

In den Tagen vor der Monatsblutung kann es zu verschiedenartigen Beschwerden kommen: Viele Frauen klagen in dieser Zeit über ein unangenehmes Spannungsgefühl in den Brüsten oder über Wassereinlagerungen in Händen und Füßen (mit Gewichtszunahme). Auch die Psyche ist häufig in Mitleidenschaft gezogen: Es kann zu depressiven Verstimmungen, Gereiztheit und Nervosität kommen. Recht häufig sind auch Unterleibs-, Kreuz- und Kopfschmerzen; bei Frauen, die zu Migräne neigen, können in den Tagen vor der Menstruation Migräneanfälle auftreten.

Unter diesen Befindlichkeitsstörungen – auch als prämenstruelles Syndrom (PMS) bezeichnet – leiden etwa 40 bis 60 Prozent aller Frauen in mehr oder weniger ausgeprägter Form. Sie lassen sich langfristig durch die kurmäßige Einnahme von Zubereitungen aus Mönchspfefferfrüchten bessern. Diese Pflanze enthält zwar keine Hormone, wirkt aber hormonähnlich, indem sie regulierend auf die Produktionen von FSH, LH und Progesteron Einfluß nimmt.

Da Störungen im Haushalt dieser Hormone in manchen Fällen auch Akne hervorrufen können, erklärt sich der günstige Einfluß von Mönchspfeffer bei bestimmten Akneformen.

Mönchspfeffer (Vitex agnus-castus)

Verwendete Teile: Früchte

Wirkung: reguliert den Menstruationszyklus; hilft bei Menstruationsstörungen durch Mangel an Gelbkörperhormon (Progesteron) und bei prämenstruellem Syndrom (PMS), Schmerzhaftigkeit der Brust, Akne.

Zubereitung: nicht üblich; fragen Sie nach Fertigpräparaten in der Apotheke.

Beschwerden während der Regel

Die Unterleibsschmerzen während der Menstruation entstehen durch kleine „Wehen", mit denen die Gebärmutter – wenn keine Schwangerschaft vorliegt – die Schleimhaut abstößt. Diese Schmerzen sind also in gewissem Maße etwas völlig Normales. Wenn die Zusammenziehung (Wehen) der Gebärmutter in Krämpfen erfolgt, sind die Schmerzen stärker.

Damit wird auch schon deutlich, in welche Richtung eine schmerzmittelfreie Behandlung zielt: Wohltuend ist alles, was auf den Unterleib entspannend und krampflösend wirkt. Stark krampflösende Eigenschaften hat die Kamille. Heißer Kamillentee – langsam und schluckweise getrunken – macht Schmerzmittel (auch bei empfindlichen Frauen) oft überflüssig.

Ähnlich wie die Kamille, aber schwächer wirkt Schafgarbe.

Kamille (Matricaria recutita, Syn. Chamomilla recutita)

Verwendete Teile: Blüten
Wirkung: krampflösend
Zubereitung: Aufguß, 2 TL auf 1 Tasse Wasser, 5–10 Min. bedeckt ziehen lassen, dann abseihen.
Dosierung: mehrmals täglich 1 Tasse

Schafgarbe (Achillea millefolium)

Verwendete Teile: Kraut
Wirkung: krampflösend
Zubereitung: Aufguß, 1–2 TL auf 1 Tasse Wasser, 10 Min. bedeckt ziehen lassen, dann abseihen.
Dosierung: mehrmals täglich 1 Tasse

Beschwerden in den Wechseljahren

Zwischen dem 45. und dem 55. Lebensjahr stellen die Eierstöcke der Frau allmählich ihre Tätigkeit und damit auch ihre Hormonproduktion ein, so daß es im sensiblen Zusammenspiel der Botenstoffe (Hormone) des Körpers zu Veränderungen kommt.

Bei depressiven Verstimmungen sollten Sie es mit Johanniskraut (▷ S.90) versuchen. Über längere Zeit eingenommen, hat diese Pflanze eine stimmungsaufhellende Wirkung.

In dieser Zeit der hormonellen Umstellung können sich individuell mehr oder weniger starke Befindlichkeitsstörungen bemerkbar machen. Vor allem der absinkende Östrogenspiegel kann zu den typischen Beschwerden der Wechseljahre führen: Depressive Stimmung, Reizbarkeit und Schlaflosigkeit gehören ebenso dazu wie Hitzewallungen (die sogenannten „fliegenden Hitzen"), Schweißausbrüche, Kopfschmerzen, Schwindel, Veränderungen an den Knochen und an der Schleimhaut der Geschlechtsorgane.

Diese Beschwerden können sich recht lange hinziehen und sehr unangenehm sein, verschwinden aber im Gegensatz zu den Prostatabeschwerden, unter denen die Männer zu leiden haben, nach einem gewissen Zeitraum wieder.

Bemerkenswert ist, daß ein Drittel der Frauen keine, ein Drittel leichte und ein Drittel starke Beschwerden während der Wechseljahre hat. Die Intensität der Unpäßlichkeiten hängt also nicht allein von der Konstitution ab; ausschlaggebend ist die innere Einstellung zu diesem Lebensabschnitt. Eine positive Einstellung und eine bewußte seelische und körperliche Vorbereitung darauf kann die Wechseljahrsbeschwerden sehr erleichtern.

Man sollte diese Zeit als Beginn einer neuen spannenden Lebensphase empfinden und sie sich nicht mit dem deprimierenden Gedanken ans Altwerden vergällen. Mit regelmäßigem körperlichem Training kann man

Kreislaufbeschwerden und Osteoporose vorbeugen. Am besten beginnt man damit schon vor den Wechseljahren.

Auch das Erlernen einer Streßbewältigungs- und Entspannungstechnik (beispielsweise autogenes Training) kann helfen, mit den psychischen und physischen Belastungen in dieser Zeit der hormonellen Umstellung besser fertig zu werden.

Daneben können auch Arzneipflanzen eine positive Wirkung haben. Die Traubensilberkerze, eine Heilpflanze, die in ihrem Wurzelstock Substanzen mit östrogenähnlichen Wirkungen enthält, hat sich besonders bei psychischen und vegetativen Störungen des Klimakteriums bewährt. Bei konsequenter Einnahme – kurmäßig über längere Zeit – erzielt man mit ihr, aber auch mit Mönchspfeffer, überraschend gute Erfolge.

Auch die kurmäßige Einnahme von Ginseng und Kava-Kava soll zur Verringerung klimakterischer Beschwerden führen. Ginseng, über einen längeren Zeitraum hinweg eingenommen, lindert die Hitzewallungen der Wechseljahre. Allerdings sollte man bei Wechseljahrsbeschwerden von einer Selbstbehandlung absehen, die Therapie mit dem Frauenarzt abstimmen und sich auch regelmäßig untersuchen lassen, um sicherzugehen, daß die auftretenden Symptome auch wirklich auf die Wechseljahre zurückzuführen sind und keine organische Erkrankung vorliegt.

Traubensilberkerze (Cimicifuga racemosa)

Verwendete Teile: Wurzelstock

Wirkung: östrogenähnlich; hilft bei Wechseljahrs- und Menstruationsbeschwerden, Krampfzuständen im Unterleib.

Zubereitung: nicht üblich; es gibt Fertigpräparate in der Apotheke.

Krankhafte Hautveränderungen und Verletzungen

Hautveränderungen, Wunden, Verbrennungen

Bei Ekzemen, Akne und Milchschorf können Heilpflanzen in vielen Fällen Linderung verschaffen. Auch zur Behandlung von kleineren, schlecht heilenden Wunden, übermäßigem Schwitzen und Kopfschuppen eignen sie sich.

Die Haut ist eines der wichtigsten Organe des Körpers.

Die Haut ist mit einer Fläche von zwei Quadratmetern unser größtes Organ. Ihre Aufgaben sind vielfältig: Sie schützt vor Austrocknung, UV-Strahlung und Fremdstoffen, verhindert das Eindringen von Krankheitserregern, scheidet Abbaustoffe, Salze und Wasser aus und ist an der Regulierung der Körpertemperatur beteiligt.

Von außen nach innen besteht sie aus Oberhaut, Lederhaut und Unterhaut. Die sehr dünne Oberhaut bildet die eigentliche Schutzschicht. Haare und Nägel sind ebenfalls Horngebilde der Oberhaut. Ihre Festigkeit und Elastitzität erhält die Haut durch ihre mittlere Schicht, die an Blutgefäßen reiche Lederhaut. Die Unterhaut bildet durch Fetteinlagerungen eine „Isolierschicht".

Unsere Haut ist von Schweiß- und Talgdrüsen durchsetzt, die in den Hautporen nach außen münden und Fett beziehungsweise Schweiß ausscheiden. Ist der Porentrichter verstopft, so sammelt sich der Talg an, und es entsteht ein „Mitesser".

Mit der zunehmenden Schadstoffbelastung unserer Umwelt ist auch die Anfälligkeit unserer Haut für Erkrankungen gestiegen. Allergisch bedingte Ekzeme kommen immer häufiger vor. Doch man sollte bei Hauterkrankungen nicht gleich zu Kortison greifen; oft können auch pflanzliche Heilmittel helfen. Bei allen Ekzemen und allergischen Hauterkrankungen ist es ratsam, sich über seine Ernährung Gedanken zu machen und eventuell den Darm untersuchen zu lassen.

Zur örtlichen Behandlung von Erkrankungen der Haut kommen diverse Zubereitungsarten von Heilpflanzen (feuchte Umschläge, Puder, Lotionen, Cremes, Salben und Öle) in Frage. Sie haben aufgrund ihrer physikalischen Eigenschaften (unabhängig von den pflanzlichen Zusätzen) unterschiedliche Wirkungen und daher auch verschiedene Anwendungsbereiche:

- Salben sind fetthaltige, wasserfreie Zubereitungen mit abdeckender und schützender Wirkung. Sie werden bei trockener Haut angewendet.
- Cremes sind wasserhaltige Salben zur Behandlung fettiger Haut.
- Pasten sind Cremes, die Puder enthalten und dadurch Flüssigkeit binden können.
- Puder wirken kühlend und juckreizstillend. Sie schützen vor Reizen, die durch Schwitzen oder Scheuern in Hautfalten auftreten können.
- Feuchte Umschläge lindern Juckreiz, erweichen Krusten und wirken durch das Abdunsten des Wassers kühlend und entzündungshemmend. Zur Behandlung von Hautkrankheiten müssen sie locker, aufsaugend und luftdurchlässig sein und erneuert werden, sobald sie trocken und warm sind. Sie helfen bei akuten Entzündungen und nässenden Ekzemen.

Nässende Stellen sollen nicht mit Puder verklebt werden, da sich der Puder unter den entstehenden Krusten durch Gärung zersetzen und dadurch nachteilige Wirkungen entfalten kann. Ist das akute Nässen vorüber, kann man Pasten und später Salben verwenden.

Nässende Stellen auf keinen Fall mit Puder behandeln!

Oberflächliche Hautentzündungen, Ekzeme

Jedes Ekzem, das nicht durch äußere Reizstoffe entstanden ist oder das auf die Selbstbehandlung nicht innerhalb von zwei Wochen anspricht, sollte vom Arzt untersucht werden.

Gerbstoffdrogen sind z. B. Eichenrinde, Hamamelis, Spitzwegerich und Walnuß.

Unsere Haut ist ständig Krankheitserregern und den Reizen schädigender Fremdstoffe ausgesetzt. Länger andauernde oder wiederholte Hautreizung (beispielsweise durch Chemikalien oder andere Schadstoffe) kann Ekzeme mit Rötungen der Haut, Bläschen, Rissen, nässenden oder schuppenden Stellen hervorrufen.

Die Neigung zu dieser Reaktion ist individuell unterschiedlich. Meist neigen Menschen, die an Asthma leiden oder als Kleinkinder Milchschorf hatten, eher zur Ekzembildung als andere. Darüber hinaus können Ekzeme auch Begleiterscheinungen anderer Erkrankungen sein, denn die Haut als Ausscheidungsorgan reagiert auch auf diverse Störungen des Körperstoffwechsels. Deshalb soll man Hauterkrankungen nicht unterdrücken (beispielsweise durch Kortison), sondern ihren Heilungsverlauf anregen.

Im Bereich der geschädigten Stellen ist die natürliche Abwehrfunktion der Haut vermindert, so daß es leicht zu Infektionen kommt. Hier hilft die lokale Behandlung mit adstringierenden (zusammenziehenden) Arzneipflanzenzubereitungen (Gerbstoffdrogen), die die Haut durch ihren „gerbenden" Effekt abdichten.

So entsteht eine „Schutzschicht", und der Heilungsprozeß wird angeregt. Zur Linderung der Symptome haben sich außerdem entzündungshemmende Arzneipflanzen (Kamille, Ringelblume und Arnika) bewährt.

Die Behandlung von Ekzemen richtet sich nach der Art der erkrankten Stelle:

- Bei nässenden Defekten eignen sich Hamameliswasser oder verdünnte Kamillentinktur für feuchte Umschläge oder zum Betupfen.
- Trockene Hautstellen werden durch Kamillenöl oder

Kamillensalbe geschmeidig. Feuchte Umschläge oder Bäder, zubereitet mit dem Kraut wilder Stiefmütterchen, lindern Milchschorf, andere kindliche Hautentzündungen, Neurodermitis und bessern seborrhoische Ekzeme (Ekzeme, die in Hautbezirken mit einer hohen Dichte von Talg- und Schweißdrüsen auftreten).

Eichenrinde (Quercus robur und Q. pubescens)

Verwendete Teile: Rinde

Wirkung: adstringierend. ***Hinweis:*** Wegen ihrer austrocknenden Wirkung nicht länger als 1–2 Wochen anwenden. Oft genügen einige Tage.

Zubereitung: Abkochung, ½ TL auf 1 Tasse Wasser, 5–10 Min. ziehen lassen, dann abseihen.

Dosierung: 1. Mullkompressen mit dem Tee tränken und auflegen. Mehrmals täglich wechseln. 2. Spülungen und Bäder mit verdünnten Eichenrindenextrakten.

Virginische Zaubernuß (Hamamelis virginiana)

Verwendete Teile: Blätter, Rinde

Wirkung: adstringierend, entzündungshemmend

Zubereitung: Aufguß, 1 EL auf 1 Tasse Wasser, 5–10 Min. ziehen lassen, dann abseihen.

Dosierung: Mullkompressen mit Tee oder mit Hamameliswasser tränken und auflegen. Mehrmals wechseln.

Kamille (Matricaria recutita, Syn. Chamomilla recutita)

Verwendete Teile: Blüten

Wirkung: entzündungshemmend, wundheilungsfördernd

Zubereitung: Aufguß, 2 TL auf 1 Tasse Wasser, 5–10 Min. bedeckt ziehen lassen, dann abseihen.

Dosierung: Mullkompressen mit dem Tee tränken und auflegen. Mehrmals täglich wechseln.

Odermennig (Agrimonia eupatoria)

Verwendete Teile: Kraut

Wirkung: adstringierend, entzündungshemmend

Zubereitung: Aufguß, 1–2 TL auf 1 Tasse Wasser, 5–10 Min. ziehen lassen, dann abseihen.

Dosierung: für Umschläge Mullkompressen mit dem Tee tränken und auf die betroffenen Stellen auflegen. Mehrmals täglich wechseln.

Schafgarbe (Achillea millefolium)

Verwendete Teile: Kraut

Wirkung: adstringierend, antibakteriell

Zubereitung: Aufguß, 1–2 TL auf 1 Tasse Wasser, 10 Min. bedeckt ziehen lassen, dann abseihen.

Dosierung: für Umschläge Mullkompressen mit dem Tee tränken und auf die betroffenen Stellen auflegen. Mehrmals täglich wechseln.

Spitzwegerich (Plantago lanceolata)

Verwendete Teile: Kraut

Wirkung: hilft bei entzündlichen Hauterkrankungen.

Zubereitung: Aufguß, 2 TL auf 1 Tasse Wasser, 5–10 Min. ziehen lassen, dann abseihen (als Tee, zum Spülen und Gurgeln, für Umschläge).

Dosierung: für Umschläge Mullkompressen mit dem Tee tränken und auflegen. Mehrmals täglich wechseln.

Walnuß (Juglans regia)

Verwendete Teile: Blätter

Wirkung: nur äußerlich bei oberflächlichen Hautentzündungen, übermäßiger Schweißabsonderung.

Zubereitung: Umschläge, Teilbäder: Abkochung, 2 TL auf 1 Tasse Wasser, 5–10 Min. ziehen lassen, abseihen.

Dosierung: für Umschläge Mullkompressen mit dem Tee tränken und auflegen.

Seborrhoe, Milchschorf, Neurodermitis und Akne

Bei Milchschorf und Säuglingsekzem hat sich Stiefmütterchentee bewährt, der eine harntreibende und blutreinigende Wirkung hat. Verwendet wird das Kraut des gelb- und des violettblühenden wilden Stiefmütterchens, und zwar sowohl innerlich (als Tee) als auch äußerlich (feuchte Umschläge, die mehrmals täglich gewechselt werden sollten).

Die innere und äußere Anwendung dieser Droge empfiehlt sich auch bei Neurodermitis. Da es sich hierbei um eine chronische Hautstörung handelt, muß vor allem die innere Anwendung kurmäßig über einen längeren Zeitraum hinweg erfolgen.

Bei Akne läßt sich mit Stiefmütterchentee – man kann das Stiefmütterchenkraut auch noch mit verschiedenen anderen Heilpflanzen zu einer Teemischung kombinieren – gute Erfolge erzielen. Man darf jedoch auch hier die Geduld nicht verlieren und muß den Tee über längere Zeit trinken, ehe sich die ersten positiven Resultate einstellen.

Teemischung bei Akne
▷ S. 113

Bei vielen Formen von Akne, die auf ein Ungleichgewicht im Hormonhaushalt zurückzuführen sind, helfen auch Mönchspfefferpräparate, wenn man sie über einen längeren Zeitraum einnimmt.

▷ S.96

Stiefmütterchen (Viola tricolor)

Verwendete Teile: Kraut

Anwendungsgebiete: Milchschorf, Neurodermitis, seborrhoische Hauterkrankungen, Akne

Zubereitung: Aufguß, 1 TL auf 1 Tasse Wasser, 5–10 Min. ziehen lassen, dann abseihen.

Dosierung: innerlich: einige Wochen 3 Tassen täglich; äußerlich: Mullkompressen mit Tee tränken, auflegen.

Kopfschuppen, Seborrhoe

Die Zellen unserer Oberhaut erneuern sich ständig von innen her. Die älteren Zellen werden dadurch nach außen gedrängt, verhornen und schilfern sich ab. Bei zu starker und zu schneller Zellerneuerung bilden sich Schuppen.

Sehr lästig kann diese Schuppenbildung auf dem Kopf sein, schon allein aus optischen Gründen – denn wer hat es schon gern, wenn Pullover oder Jackett an den Schultern immer von einer Schicht kleiner weißer Pünktchen übersät ist.

Bei juckenden Kopfschuppen ist die äußere Anwendung von Brennesselhaarwasser oder -tee sehr wohltuend. Sie lindert den Juckreiz und löst die Schuppen. Innerlich helfen Brennesseltee oder -saft und stoffwechselwirksame Tees aus Löwenzahn und Schachtelhalm bei diesen Hauterscheinungen.

Die Brennessel hat außerdem auch noch zahlreiche andere positive Wirkungen: Sie regt den Stoffwechsel an, entschlackt, lindert rheumatische Beschwerden und beugt Nierengrieß vor. (Brennesselzubereitungen haben eine leicht harntreibende Wirkung.)

Bei Seborrhoe bzw. Schuppen mit Seborrhoe (Überproduktion der Talgdrüsen) empfiehlt sich auch die innere und äußere Anwendung von Stiefmütterchentee ▷ S. 105.

Brennesselkraut (Urtica dioica)

Verwendete Teile: Blätter

Wirkung: innerlich und äußerlich bei Kopfschuppen

Zubereitung: 1. Teeaufguß: 2 TL auf 1 Tasse Wasser, 5–10 Min. ziehen lassen, dann abseihen; 2. Preßsaft 3. Brennesselspiritus zur äußeren Anwendung.

Dosierung: 3mal täglich 1 Tasse Tee oder 1 EL Saft

Wundbehandlung, Verbrennungen

Frische Wunden

Zur Reinigung und Versorgung frischer oberflächlicher Haut- und Schürfwunden kann man statt der üblichen Jodtinktur auch unverdünnte alkoholische Tinkturen aus den Blüten von Kamille, Schafgarbe oder Ringelblumen nehmen, denn diese Pflanzen haben eine entzündungshemmende, wundheilungsfördernde Wirkung.

Auch Arnikatinktur eignet sich zur Wundbehandlung; es ist aber zu beachten, daß Arnika leicht allergische Reaktionen hervorruft und deshalb nicht bei ausgesprochener Allergieneigung und auch nicht unverdünnt verwendet werden sollte. Auch für Kinder ist Arnika nicht zu empfehlen.

Ältere, schlecht heilende Wunden

Zur Behandlung älterer, schlecht heilender Wunden eignen sich Umschläge mit verdünnter Tinktur aus Ringelblumen oder Rotem Sonnenhut. Sie regen die Bildung des Wundheilungsgewebes an. Man kann statt dessen auch Mullkompressen mit einem Teeaufguß aus Schachtelhalmkraut verwenden, das ebenfalls wundheilungsfördernd wirkt.

Schwerere Verbrennungen gehören in ärztliche Behandlung; doch bei leichten Verbrennungen kann man sich in vielen Fällen auch selbst helfen. Die Erstversorgung solcher Verbrennungen besteht in sofortiger Kühlung durch Eintauchen in kaltes Wasser für mehrere Minuten.

Danach behandelt man die betroffenen Hautstellen mit Johanniskrautöl (einem öligen Auszug aus Johanniskraut, den es in der Apotheke zu kaufen gibt), indem man sterilen Mull mit dem Öl tränkt und einen lockeren Ölverband anlegt. Johanniskrautöl hat eine entzündungshemmende Wirkung. Der Verband soll nach zehn Stunden gewechselt werden.

Bei schweren Verbrennungen sofort zum Arzt gehen!

Wundbehandlung

Arnika (Arnica montana)

Verwendete Teile: Blüten

Wirkung: entzündungshemmend und schmerzlindernd

Zubereitung: Aufguß, 1 TL auf 1 Tasse Wasser, 5–10 Min. ziehen lassen, dann abseihen.

Dosierung: Zur äußerlichen Behandlung von Wunden werden Mullkompressen mit dem Teeaufguß oder verdünnter Tinktur (2 TL auf ¼ l Wasser) getränkt und auf die betroffenen Stellen aufgelegt. Umschläge mehrmals täglich wechseln.

Kamille (Matricaria recutita, Syn. Chamomilla recutita)

Verwendete Teile: Blüten

Wirkung: entzündungshemmend, wundheilungsfördernd

Zubereitung: Aufguß, 2 TL auf 1 Tasse Wasser, 5–10 Min. bedeckt ziehen lassen, dann abseihen.

Dosierung: Zur äußerlichen Behandlung Mullkompressen mit dem Teeaufguß oder verdünnter Tinktur (1 EL auf ¼ l Wasser) tränken und auf die betroffenen Stellen legen. Umschläge mehrmals täglich wechseln.

Ringelblume (Calendula officinalis)

Verwendete Teile: Blüten

Wirkung: wundheilungsfördernd, entzündungshemmend, auch bei Wunden mit schlechter Heilungstendenz

Zubereitung: Aufguß, 1–2 TL auf 1 Tasse Wasser, 5–10 Min. ziehen lassen, dann abseihen.

Dosierung: Zur äußerlichen Behandlung von Wunden werden Mullkompressen mit dem Teeaufguß oder verdünnter Tinktur (1 EL auf ¼ l Wasser) getränkt und auf die betroffenen Stellen aufgelegt. Umschläge mehrmals täglich wechseln.

Roter Sonnenhut (Echinacea purpurea)

Verwendete Teile: Wurzel

Wirkung: hilft bei sehr schlecht heilenden Wunden (äußerlich angewandt).

Zubereitung: Es gibt Salben in der Apotheke.

Schachtelhalm (Equisetum arvense)

Verwendete Teile: Kraut

Wirkung: hilft bei schlecht heilenden Wunden.

Zubereitung: Aufguß, 2–3 TL auf 1 Tasse Wasser, 15 Min. ziehen lassen, dann abseihen.

Dosierung: zur äußerlichen Wundbehandlung Mullkompressen mit dem Tee tränken und auflegen. Umschläge mehrmals täglich wechseln.

Schafgarbe (Achillea millefolium)

Verwendete Teile: Kraut

Wirkung: adstringierend, antibakteriell

Zubereitung: Aufguß, 1–2 TL auf 1 Tasse Wasser, 10 Min. bedeckt ziehen lassen, dann abseihen.

Dosierung: zur äußerlichen Wundbehandlung Mullkompressen mit dem Tee oder verdünnter Tinktur (1 EL auf 1/4 l Wasser) tränken.

Verbrennungen

Johanniskraut (Hypericum perforatum)

Verwendete Teile: Kraut

Wirkung: Ölige Zubereitungen (äußerlich angewandt) wirken entzündungshemmend bei Verletzungen und leichten Verbrennungen.

Zubereitung: Johanniskrautöl und Wundsalben, die Johanniskraut enthalten, gibt es in der Apotheke.

Teemischungen für verschiedene Erkrankungen

Tee-mischungen

Die Heilkraft von Arzneipflanzen läßt sich oft noch verstärken, indem man mehrere Heilpflanzen, deren Hauptwirkstoffe sich gegenseitig ergänzen, miteinander kombiniert. Teemischungen kann man fertig in der Apotheke kaufen, aber auch selbst zubereiten.

Die Zubereitung von Teemischungen ist nicht kompliziert. Die Drogen werden einfach entsprechend zerkleinert oder angequetscht (Samen, Früchte), dann in den angegebenen Mengen in eine flache Schale gegeben und mit zwei Löffeln gut durchmischt.

Abwiegen kann man die Drogen mit einer Haushaltswaage. Die Grammgenauigkeit dieser Waagen reicht völlig aus. Das Abmessen mit den üblichen Küchenutensilien wie Teelöffel, Kinderlöffel usw. ist zu ungenau, weil das Verhältnis von Volumen zu Gewicht je nach der Beschaffenheit des Drogenmaterials (Blüte, Frucht, Samen, Kraut, Holz, Rinde etc.) recht unterschiedlich ist. Für das Abmessen der Flüssigkeit kann ein Küchenmeßbehälter verwendet werden.

Allerdings empfiehlt es sich nicht, Arzneipflanzen nach eigenem Gutdünken zu mischen, denn es gibt viele Heilpflanzen, die sich nicht miteinander „vertragen". Daher sollte man sich schon an die altbewährten Rezepte halten. Auf den folgenden Seiten finden Sie einige Teemischungsvorschläge für die häufigsten Beschwerden.

Vorsicht: Teemischungen nicht selbst „erfinden", sondern lieber fertige Mischungen in der Apotheke kaufen oder sich an erprobte Rezepte halten!

Teemischungen bei Appetitlosigkeit

15 g Enzianwurzel, 15 g Kalmuswurzel, 15 g Pomeranzenschale, 25 g Tausendgüldenkraut, 15 g Wermut, 15 g Zimtrinde
Aufguß 15 Minuten ziehen lassen. Bei Bedarf 1 Tasse vor oder nach dem Essen warm schluckweise trinken.

1 TL Wermutkraut und Pfefferminzblätter, zu gleichen Teilen gemischt, auf 1 Tasse Wasser.
Aufguß 5–10 Minuten ziehen lassen und jeweils 1 Tasse vor dem Essen langsam und schluckweise trinken.

Teemischung bei Blähungen („Windtee")

30 Teile Kamillenblüten, 15 Teile Pfefferminzblätter, 20 Teile Kümmelfrüchte, 30 Teile Fenchelfrüchte, 5 Teile Pomeranzenschale
Diesen Tee kann man auch Säuglingen und Kleinkindern geben. Nach Bedarf trinkt man mehrmals täglich eine Tasse (Säuglinge 50–100 ml in der Flasche). Für den Aufguß einer Tasse nimmt man 2 TL dieser Mischung und läßt den Aufguß 5–10 Minuten ziehen.

Teemischung bei Verdauungsschwäche und Blähungen

25 g Fenchelfrüchte, 25 g Kümmelfrüchte, 25 g Schafgarbenkraut, 25 g Wermutkraut
Aufguß, 1 TL auf 1 Tasse Wasser, 15 Minuten ziehen lassen, dann abseihen. Vor jeder Mahlzeit 1 Tasse warm trinken.

Teemischung für Bitterstoffempfindliche bei Verdauungsschwäche

25 g Pfefferminzblätter, 25 g Tausendgüldenkraut, 25 g Wermutkraut, 15 g Melissenblätter, 10 g Quendelkraut
1–2 TL der Mischung mit 250 ml kochendem Wasser übergießen, anschließend 5–10 Minuten ziehen lassen. Nach Bedarf vor oder nach dem Essen trinken.

Teemischung bei Magenbeschwerden

25 g Zimtrinde, 25 g Pfefferminzblätter, 50 g Tausendgüldenkraut
1-2 TL auf 250 ml kochendes Wasser; 10 Minuten ziehen lassen. Nach Bedarf vor oder nach dem Essen trinken.

Galletreibende Teemischung

20 g Benediktenkraut, 20 g Wermutkraut, 20 g Pfefferminzblätter, 20 g Mariendistelfrüchte, 20 g Löwenzahnwurzel mit Kraut

Aufguß, 1 TL auf 1–2 Tassen Wasser, 20 Minuten ziehen lassen, dann abseihen. 3 Tassen täglich, 3–4 Wochen lang.

Teemischung bei Leber- und Gallenbeschwerden

40 g Löwenzahnwurzel mit Kraut, 30 g Pfefferminzblätter, 15 g Schafgarbenkraut, 15 g Schöllkraut

1 EL der Teemischung mit 250 ml kochendem Wasser übergießen, 10 Minuten ziehen lassen. Bei Bedarf 1 Tasse so warm wie möglich trinken.

Teemischung bei Erkältung

30 g Lindenblüten, 30 g Holunderblüten, 20 g Weidenrinde, 10 g Mädesüßkraut, 10 g Hagebutten

1 EL der Teemischung mit 250 ml kochendem Wasser übergießen, 10 Minuten ziehen lassen. 3–4mal täglich eine Tasse, eventuell mit Honig gesüßt, trinken.

Teemischung zum Gurgeln bei Halsschmerzen

30 g Kamillenblüten, 30 g Salbeiblätter, 10 g Odermennigkraut, 10 g Tormentillwurzel.

1 EL der Teemischung mit 250 ml kochendem Wasser übergießen, 10 Minuten ziehen lassen. Mehrmals täglich gurgeln.

Teemischung bei Husten

40 g Eibischwurzel, 15 g Eibischblätter, 15 g Spitzwegerichkraut, 10 g Süßholzwurzel, 10 g Thymiankraut, 10 g Quendelkraut (Feldthymiankraut)

1 EL der Teemischung mit 250 ml kochendem Wasser übergießen, 10 Minuten ziehen lassen. 3–4mal täglich eine Tasse, eventuell mit Honig gesüßt, trinken.

Wassertreibende Teemischung

10 g Wacholderbeeren, 20 g Hauhechelwurzel, 10 g Liebstöckelwurzel, 20 g Birkenblätter, 20 g Brennesselkraut, 20 g Queckenwurzelstock

1 EL der Teemischung mit 250 ml kochendem Wasser

übergießen und 10 Minuten ziehen lassen. Je nach Bedarf bis zu einem Liter pro Tag trinken.

Teemischung bei Blasen- und Nierenbeschwerden

10 g Mateblätter, 10 g Orthosiphonblätter, 10 g Bärentraubenblätter, 20 g Bohnenhülsen, 20 g Schachtelhalmkraut, 20 g Birkenblätter
1 EL der Teemischung mit 250 ml kochendem Wasser übergießen und 10 Minuten ziehen lassen. Je nach Bedarf bis zu einem Liter pro Tag trinken.

Nerventeemischung

20 g Baldrianwurzel, 20 g Melissenblätter, 20 g Rosmarinblätter, 40 g Johanniskraut
1 EL der Teemischung mit 250 ml kochendem Wasser übergießen und 10 Minuten ziehen lassen. Längere Zeit mittags und abends eine Tasse, frisch zubereitet, trinken.

Teemischung bei Akne

20 g Rosmarinblätter, 20 g Arnikablüten, 20 g Kamillenblüten, 20 g Augentrostkraut, 10 g Stiefmütterchenkraut, 10 g Isländisch Moos
1 EL der Teemischung mit 250 ml kochendem Wasser übergießen und ca. 3 Stunden ziehen lassen; abseihen. Zur Reinigung der Haut Zellstoff mit der warmen Teelösung tränken und für 15 Minuten auf die kranken Stellen legen, evtl. zweimal wiederholen. Bei allergischen Personen zuerst auf einer kleinen Fläche des Unterarms ausprobieren. Wenn zum nächsten Tag keine Reaktion auftritt, können erkrankte Stellen behandelt werden.

Kleines Wörterbuch

Abkochung
Bei der Abkochung wird der Tee mit warmem Wasser angesetzt und 30 Minuten lang unter wiederholtem Umrühren im kochenden Wasserbad belassen; dann wird die Abkochung abgeseiht.

adstringierend
zusammenziehend

Akne
Mit Pustel- und Knötchenbildung verbundene Entzündung der Talgdrüsen

Anthranoide
Pflanzliche Substanzen, die zur Verflüssigung des Stuhls führen und dadurch eine abführende Wirkung haben; wegen der unerwünschten Nebenwirkungen von Anthranoiden sind Schleim- und Quelldrogen (beispielsweise Leinsamen) zum Abführen jedoch meist vorzuziehen.

Arzneibuch
Amtliche Sammlung von wissenschaftlich anerkannten Regeln für die Bereitung, Qualität, Prüfung, Lagerung, Abgabe und Dosierung von Arzneimitteln.

Aufguß (Infusion)
Beim Aufguß wird das Teegemisch mit kochendem Wasser übergossen; dann läßt man es eine Zeitlang bedeckt ziehen und seiht ab.

Bitterstoffe
Inhaltsstoffe von Heilpflanzen, deren bitterer Geschmack die Sekretabsonderung von Drüsen des Verdauungsapparates steigert. Bitterstoffe helfen bei Appetitmangel und Verdauungsschwäche. Sie sind z. B. in Enzian, Wermut und Artischocken enthalten.

Droge
Durch Trocknen haltbar gemachte Pflanzenteile, die als Arzneimittel verwendet wird.

Einweichen
Extraktionsverfahren, bei dem das zerkleinerte Drogengut (Teegemisch) für höchstens 12 Stunden mit Wasser versetzt wird. Nach der angegebenen Zeit wird das Extraktionsmaterial durch Pressen oder Abgießen der Flüssigkeit entfernt.

Ekzeme
Juckende Hautentzündung mit Rötung, Knötchen und Bläschenbildung, oft auch Hautnässen. Häufig ist eine Allergie gegen bestimmte von außen einwirkende Stoffe die Ursache (allergisches Ekzem, Kontakt-Ekzem). Das seborrhoische Ekzem tritt in Hautbezirken mit einer großen Dichte von Talg- und Schweißdrüsen auf.

Extrakt
Auszug aus tierischen oder pflanzlichen Stoffen

Extraktion
Vorgang des Herausziehens der Inhaltsstoffe (Wirkstoffe) aus den ▷ Drogen

Gastritis
Magenschleimhautentzündung

Infusion
▷ Aufguß

Inhalation
Einatmen von Heilmitteln in Form von Gasen, Dämpfen und zerstäubten Flüssigkeiten

Inhalator
Inhalationsgerät zum Einatmen von Dämpfen

Kaltauszug (Kaltmazerat)
Sonderform des ▷ Einweichens bei Schleime enthaltenden Drogen (z. B. Leinsamen). Man übergießt die Droge oder Teemischung mit kaltem Wasser, läßt sie 6 bis 8 Stunden stehen und seiht dann ab. (Bei Leinsamen kann man die Lösung auch mit den Samen einnehmen.)

Kaltmazerat	▷ Kaltauszug
Katarrh	Schleimhautentzündung (z. B. der Atmungsorgane oder des Magens)
Kombinationspräparate	Fertigpräparate, die aus den Wirkstoffen mehrerer Heilpflanzen bestehen
Mazeration	▷ Einweichen
Monopräparate	Fertigpräparate, die nur aus den Wirkstoffen einer einzigen Heilpflanze bestehen
Ödem	Krankhafte Wasseransammlung im Gewebe
Phytopharmaka	Arzneimittel, die ausschließlich aus Pflanzen oder Pflanzenteilen sowie deren Zubereitungen bestehen
Schleimdrogen	Heilpflanzen, die Schleime enthalten; sie wirken reizlindernd auf die Schleimhäute der Atem- und Verdauungsorgane. Aufgrund ihrer Quellfähigkeit haben sie außerdem eine abführende Wirkung.
Seborrhöe	Krankhafte Überproduktion der Talgdrüsen; ▷ Ekzeme
Tinktur	Alkoholischer ▷ Extrakt (Auszug) aus pflanzlichen Drogen zur innerlichen oder äußerlichen Anwendung.
Umschlag	Feuchtes Tuch oder Wattebausch; wird um einen Körperteil gewickelt, um Schmerzen oder Entzündungen zu lindern.

Welche Pflanze für welches Leiden? Ein kleiner Überblick

Beschwerden und Krankheiten	Heilpflanzen
Abwehrkräfte ▷ Immunsystem	
Akne	Mönchspfeffer 96, Stiefmütterchen 105
Altersbeschwerden ▷ Ermüdung	
Altersherz ▷ Herzschwäche, leichte	
Angstzustände	Baldrian 90, Johanniskraut 90, Kava-Kava 91
Appetitmangel	Anis 42, Condurango 39, Engelwurz 40, Enzian 39, Fenchel 42, Fieberklee 39, Orangenschale 40, Pomeranzenschale 40, Schafgarbe 44, Tausendgüldenkraut 39, Wermut 40
Asthma ▷ Bronchialasthma	
Atemwegsentzündungen, chronische	Roter Sonnenhut 61
Blähungen	Anis 42, Fenchel 42, Kamille 43, Kümmel 43, Lavendel 46, Löwenzahn 43, Melisse 44, Pfefferminze 44, Wermut 40
Blasenentzündung	Bärentraube 76, Birkenblätter 77, Brennesselkraut 77, Goldrute 77, Hauhechel 77, Löwenzahn 78, Orthosiphon 78, Schachtelhalm 78, Wacholder 78

Beschwerden und Krankheiten	Heilpflanzen
Blasensteine	Birkenblätter 77, Brennesselkraut 77, Goldrute 77, Hauhechel 77, Löwenzahn 78, Orthosiphon 78, Schachtelhalm 78, Wacholder 78
Brechreiz	Ingwer 43, Pfefferminze 44
Bronchialasthma	Bischofskraut 73, Sonnentau 73
Cholesterinspiegel	Knoblauch 86, Artischocke 55
Darmschleimhaut-entzündung	Eibisch 46
Depressionen	Ginseng 93, Johanniskraut 90
Durchblutungsstörungen	Ginkgo 86, Knoblauch 86
Durchfall	Frauenmantel 51, Gänsefingerkraut 51, Heidelbeere 51, Odermennig 52, schwarzer Tee 52, Tormentill 52, Uzara 52
Ekzeme und oberflächliche Hautentzündungen	Eichenrinde 103, Hamamelis 103, Kamille 103, Odermennig 104, Schafgarbe 104, Spitzwegerich 104, Walnuß 104
Erkältung	Eleutherokokk 61, Holunder 61, Roter Sonnenhut 61 (siehe auch: grippale Infekte, Halsschmerzen, Heiserkeit, Husten, Immunsystem, Mund- und Rachenraumentzündungen, Schnupfen)
Ermüdung	Ginseng (vor allem im Alter) 93, Kolabaum 93, Mate 93
Gallefluß (Anregung)	Artischocke 55, Javanische Gelbwurz 56, Löwenzahn 56, Rettich 57
Gallenwege, krampfartige Beschwerden	Erdrauch 56, Pfefferminze 57, Schöllkraut 57
Galleproduktion (Anregung)	Boldo 56, Mariendistel 53, Pfefferminze 57, Rettich 57, Wermut 57

Beschwerden und Krankheiten	Heilpflanzen
Grippale Infekte	Eleutherokokk 61, Holunder 61, Lindenblüten 61, Roter Sonnenhut 61
Halsschmerzen	Arnika 63, Eibisch 63, Kamille 64, Odermennig 64, Ringelblume 64, Salbei 64, Schafgarbe 65, Spitzwegerich 65, Thymian 65, Tormentill 65
Hämorrhoiden	Mäusedorn 88
Harnwegsentzündungen, chronische	Roter Sonnenhut 61
Hautentzündungen ▷ Ekzeme	
Heiserkeit	Arnika 63, Eibisch 63, Huflattich 68, Kamille 64, Odermennig 64, Ringelblume 64, Salbei 64, Schafgarbe 65, Spitzwegerich 65, Thymian 65, Tormentill 65
Herzinsuffizienz ▷ Herzschwäche	
Herzschwäche	Adoniskraut 85, Maiglöckchen 85, Meerzwiebel 85, Weißdorn 85
Hitzewallungen in den Wechseljahren	Ginseng 93, 99
Husten (Erkältungshusten) mit Verschleimung	Anis 69, Efeu 69, Eukalyptus 69, Fenchel 70, Königskerze 70, Schlüsselblume 70, Süßholz 70, Thymian 71
Husten (Erkältungshusten) ohne Verschleimung	Eibisch 68, Huflattich 68, Isländisch Moos 68, Königskerze 68, Spitzwegerich 69
Immunsystem	Eleutherokokk 61, Roter Sonnenhut 61
Keuchhusten	Efeu 71, Sonnentau 71, Thymian 71
Klimakterium ▷ Wechseljahrsbeschwerden	

Beschwerden und Krankheiten	Heilpflanzen
Konzentrationsschwäche	Ginseng 93
Kopfschuppen	Brennesselkraut 106
Krampfadern	Hamamelis 88, Mäusedorn 88, Roßkastanie 88, Steinklee 88
Lebererkrankungen	Artischocke 55, Mariendistel 53
Leistungsschwäche	Ginseng 93
Magen- und Darmbeschwerden, nervöse	Lavendel 46
Magenbeschwerden, nervöse	Melisse 47
Magengeschwüre	Süßholz 47
Magenschleimhautentzündung	Eibisch 46, Kamille 46, Leinsamen 47, Süßholz 47
Menstruationsbeschwerden: (vor der Menstruation) (während der Menstruation)	 Mönchspfeffer 96 Kamille 97, Schafgarbe 97
Milchschorf	Stiefmütterchen 105
Mund- und Rachenraumentzündungen	Arnika 63, Eibisch 63, Isländisch Moos 68, Kamille 64, Odermennig 64, Ringelbume 64, Salbei 64, Schafgarbe 65, Spitzwegerich 65, Thymian 65, Tormentill 65
Mundraumentzündungen, nicht bakterielle	Tormentill 65
Nasennebenhöhlenentzündung	Anis 69, Efeu 69, Eukalyptus 69, Fenchel 70, Kamille (Dampfbäder) 62, Königskerze 70, Ringelblumen- oder Kamillentinktur (Nasenspülungen) 62, Schlüsselblume 70, Süßholz 70, Thymian 71

Beschwerden und Krankheiten	Heilpflanzen
Nervosität	Baldrian 90, Hopfen 90, Johanniskraut 90, Kava-Kava 91, Lavendel 91, Passionsblume 91
Neurodermitis	Stiefmütterchen 105
Nierengrieß	Birkenblätter 77, Brennesselkraut 77, Goldrute 77, Hauhechel 77, Orthosiphon 78, Schachtelhalm 78
Nierensteine	Birkenblätter 77, Brennesselkraut 77, Goldrute 77, Hauhechel 77, Löwenzahn 78, Orthosiphon 78, Schachtelhalm 78, Wacholder 78
Ödeme in den Beinen	Roßkastanie 88, Steinklee 88
Prämenstruelles Syndrom ▷ Menstruationsbeschwerden	
Prostatavergrößerung (Wasserlassen)	Brennesselwurzel 81, Kürbiskerne 81, Sägepalmenfrüchte 81
Prothesendruckstellen	Tormentill 65
Reisekrankheit	Ingwer 43
Reizblase	Kürbiskerne 81, Sägepalmenfrüchte 81
Reizhusten	Efeu 69, Eibisch 68, Huflattich 68, Isländisch Moos 68, Königskerze 68, Lindenblüten 61, Sonnentau 71, Spitzwegerich 69
Rheumat. Beschwerden	Brennesselkraut 106
Schlafstörungen	Baldrian 90, Hopfen 90, Lavendel 91, Melisse 91
Schnupfen	(Inhalation von ätherischen Ölen:) Eukalyptusblätter, Fichtenspitzen, Kamillenblüten, Kiefernnadeln, Pfefferminzblätter 62
Schuppen ▷ Kopfschuppen	

Beschwerden und Krankheiten	Heilpflanzen
Schwitzen, übermäßiges	Walnuß 104
Seborrhöe	Stiefmütterchen 105
Übelkeit	Ingwer 43, Pfefferminze 44
Venenschwäche ▷ Krampfadern	
Verbrennungen	Johanniskraut 109
Verdauungsstörungen	Anis 42, Artischocke 42, Boldo 42, Condurango 39, Engelwurz 40, Enzian 39, Fenchel 42, Fieberklee 39, Ingwer 43, Kamille 43, Kümmel 43, Löwenzahn 43, Melisse 44, Pfefferminze 44, Schafgarbe 44, Schöllkraut 44, Tausendgüldenkraut 39, Wermut 40
Verdauungstrakt, krampfartige Beschwerden	Kamille 43, Kümmel 43, Pfefferminze 44, Schafgarbe 44, Schöllkraut 44
Verdorbener Magen	Pfefferminze 44
Verstopfung	Flohsamen 49, Indische Flohsamen 49, Leinsamen 49
Völlegefühl	Anis 42, Engelwurz 40, Enzian 39, Fenchel 42, Kümmel 43, Löwenzahn 43, Wermut 40
Wadenkrämpfe	Mäusedorn 88, Roßkastanie 88, Steinklee 88
Wasseransammlungen ▷ Ödeme	
Wasserlassen, Beschwerden beim ▷ Prostatavergrößerung	
Wechseljahrsbeschwerden	Ginseng 93, 99, Kava-Kava 91, 99, Traubensilberkerze 99
Wundbehandlung	Arnika 108, Kamille 108, Ringelblume 108, Roter Sonnenhut 109, Schachtelhalm 109, Schafgarbe 109

Heilpflanzen	Beschwerden und Krankheiten
Adoniskraut	leichte Herzschwäche 85
Anis	Appetitmangel, Blähungen, Völlegefühl 42; Husten 69, Nasennebenhöhlenentzündung 62
Arnika	Wunden, Entzündungen 108; Halsschmerzen, Heiserkeit, Mund- und Rachenraumentzündungen 63
Artischocke	Anregung des Galleflusses, Lebererkrankungen 55; Verdauungsstörungen 42
Baldrian	Angstzustände, Nervosität, Schlafstörungen 90
Bärentraube	Blasenentzündung 76
Birkenblätter	Blasenentzündung, Nierengrieß, Blasen- und Nierensteine 77, 79
Bischofskraut	Bronchialasthma, koronare Herzerkrankungen 73
Boldo	Anregung der Galleproduktion 56; Verdauungsstörungen 42
Brennesselkraut	Blasenentzündung, Nierengrieß, Blasen- und Nierensteine 77, 79; Kopfschuppen 106; rheumatische Beschwerden 106
Brennesselwurzel	Prostatavergrößerung (mit Beschwerden beim Wasserlassen) 81
Condurango	Appetitmangel, Verdauungsstörungen 39
Efeu	Husten (mit Verschleimung), Reizhusten 69; Keuchhusten 71; Nasennebenhöhlenentzündung 62
Eibisch	Magen- und Darmschleimhautentzündung 46; Heiserkeit, Halsschmerzen, Mund- und Rachenraumentzündungen 63; Husten, Reizhusten 68
Eichenrinde	Ekzeme und oberflächliche Hautentzündungen 103

Heilpflanzen	Beschwerden und Krankheiten
Eleutherokokk	Erkältung, grippale Infekte, Immunsystem 61
Engelwurz	Appetitmangel, Völlegefühl, Verdauungsstörungen 40
Enzian	Appetitmangel, Völlegefühl, Verdauungsstörungen 39
Erdrauch	krampfartige Beschwerden der Gallenwege 56
Eukalyptus	Husten (mit Verschleimung) 69; Schnupfen 62; Nasennebenhöhlenentzündung 62
Fenchel	Appetitmangel, Blähungen, Völlegefühl 42; Husten 70; Nasennebenhöhlenentzündung 62
Fichtenspitzen	Schnupfen 62
Fieberklee	Appetitmangel, Verdauungsstörungen 39
Flohsamen	Verstopfung 49
Frauenmantel	Durchfall 51
Gänsefingerkraut	Durchfall 51
Ginkgo	Durchblutungsstörungen 86
Ginseng	Depressionen, geistige und körperliche Ermüdung, Konzentrations- und Leistungsschwäche (vor allem im Alter) 93; Wechseljahrsbeschwerden, Hitzewallungen 99
Goldrute	Blasenentzündung, Nierengrieß, Blasen- und Nierensteine 77, 79
Hamamelis	Ekzeme und oberflächliche Hautentzündungen 103; Krampfadern 88
Hauhechel	Blasenentzündung, Nierengrieß, Blasen- und Nierensteine 77, 79
Heidelbeere	Durchfall 51

Heilpflanzen	Beschwerden und Krankheiten
Holunder	Erkältung, grippale Infekte 61
Hopfen	Nervosität, Schlafstörungen 90
Huflattich	Heiserkeit, Husten, Reizhusten 68
Indische Flohsamen	Verstopfung 49
Ingwer	Übelkeit, Brechreiz, Verdauungsstörungen, Reisekrankheit 43
Isländisch Moos	Husten, Reizhusten, Mund- und Rachenraumentzündungen, Appetitmangel 68
Javanische Gelbwurz	Anregung des Galleflusses 56
Johanniskraut	Angstzustände, Nervosität, Depressionen 90; Verbrennungen 109
Kamille	Blähungen, krampfartige Beschwerden des Verdauungstraktes 43; Magenschleimhautentzündung 46; Halsschmerzen, Mund- und Rachenraumentzündungen 64; Schnupfen 62; Nasennebenhöhlenentzündung 62; Menstruationsbeschwerden 97; Ekzeme und oberflächliche Hautentzündungen 103; Wunden 108
Kava-Kava	Angstzustände, Nervosität 91; Wechseljahrsbeschwerden 99
Kiefernnadeln	Schnupfen 62
Knoblauch	zu hoher Cholesterinspiegel, Durchblutungsstörungen 86
Kolabaum	geistige und körperliche Ermüdung 93
Königskerze	Husten (mit Verschleimung) 70; Reizhusten 68; Nasennebenhöhlenentzündung 62
Kümmel	Völlegefühl, Blähungen, krampfartige Beschwerden des Verdauungstraktes 43

Heilpflanzen	Beschwerden und Krankheiten
Kürbiskerne	Prostatavergrößerung (mit Beschwerden beim Wasserlassen), Reizblase 81
Lavendel	Blähungen, nervöse Magen- und Darmbeschwerden 46; Nervosität, Schlafstörungen 91
Leinsamen	Magenschleimhautentzündung 47; Verstopfung 49
Lindenblüten	grippale Infekte, Reizhusten 61
Löwenzahn	Blähungen, Verdauungsstörungen, Völlegefühl 43; Anregung des Galleflusses 56; Blasenentzündung, Blasen- und Nierensteine 78, 79
Maiglöckchen	leichte Herzschwäche 85
Mariendistel	Anregung der Galleproduktion, Lebererkrankungen 53
Mate	geistige und körperliche Ermüdung 93
Mäusedorn	Hämorrhoiden, Krampfadern, Wadenkrämpfe 88
Meerzwiebel	leichte Herzschwäche 85
Melisse	Blähungen, nervöse Magenbeschwerden, Verdauungsstörungen 44, 47; Schlafstörungen 91
Mönchspfeffer	Akne, Menstruationsbeschwerden 96
Odermennig	Durchfall 52; Mund- und Rachenraumentzündungen, Halsschmerzen, Heiserkeit 64; Ekzeme und oberflächliche Hautentzündungen 104
Orangenschale	Appetitmangel 40
Orthosiphon	Blasenentzündung, Nierengrieß, Blasen- und Nierensteine 78, 79
Passionsblume	Nervosität 91

Heilpflanzen	Beschwerden und Krankheiten
Pfefferminze	Blähungen, Übelkeit, Brechreiz, verdorbener Magen, krampfartige Beschwerden der Gallenwege und des Verdauungstraktes, Anregung der Galleproduktion 44, 47; Schnupfen 62
Pomeranzenschale	Appetitmangel 40
Rettich	Anregung des Galleflusses und der Galleproduktion 57
Ringelblume	Halsschmerzen, Heiserkeit, Mund- und Rachenraumentzündungen 64; Nasennebenhöhlenentzündung 62; Wunden 108
Roßkastanie	Krampfadern, Beinödeme, Wadenkrämpfe 88
Roter Sonnenhut	Erkältung, grippale Infekte, chronische Atemwegsentzündungen, chronische Harnwegsentzündungen, Immunsystem 61; Wunden 109
Sägepalmenfrüchte	Prostatavergrößerung (mit Beschwerden beim Wasserlassen), Reizblase 81
Salbei	Halsschmerzen, Heiserkeit, Mund- und Rachenraumentzündungen 64
Schachtelhalm	Blasenentzündung, Nierengrieß, Blasen- und Nierensteine 78, 79; Wunden 109
Schafgarbe	Appetitmangel, Verdauungsstörungen 44, Menstruationsbeschwerden 97; Mund- und Rachenraumentzündungen, Halsschmerzen, Heiserkeit 65; Ekzeme 104; Wunden 109
Schlüsselblume	Husten (mit Verschleimung) 70; Nasennebenhöhlenentzündung 62
Schöllkraut	krampfartige Beschwerden der Gallenwege und des Verdauungstraktes 44, 57
Schwarzer Tee	Durchfall 52

Heilpflanzen	Beschwerden und Krankheiten
Sonnentau	Bronchialasthma 73; Keuchhusten, Reizhusten 71
Spitzwegerich	Halsschmerzen, Heiserkeit 65; Husten (ohne Verschleimung), Reizhusten 69; Ekzeme und oberflächliche Hautentzündungen 104
Steinklee	Krampfadern, Beinödeme, Wadenkrämpfe 88
Stiefmütterchen	Seborrhöe, Akne, Milchschorf 105
Süßholz	Magenschleimhautentzündung, Magengeschwüre 47; Husten (mit Verschleimung) 70; Nasennebenhöhlenentzündung 62
Tausendgüldenkraut	Appetitmangel, Verdauungsstörungen 39
Thymian	Mund- und Rachenraumentzündungen, Halsschmerzen, Heiserkeit 65; Husten (mit Verschleimung) 71; Keuchhusten 71; Nasennebenhöhlenentzündung 62
Tormentill	Durchfall 52; Mund- und Rachenraumentzündungen, Halsschmerzen, Heiserkeit, Prothesendruckstellen 65
Traubensilberkerze	Wechseljahrsbeschwerden 99
Uzara	Durchfall 52
Wachholder	Blasenentzündung, Blasen- und Nierensteine 78, 79
Walnuß	Ekzeme und oberflächliche Hautentzündungen, übermäßiges Schwitzen 104
Weißdorn	leichte Herzschwäche 85
Wermut	Appetitmangel 40; Blähungen, Völlegefühl, Verdauungsstörungen, Anregung der Galleproduktion 57